Emil Herrmann
Pilzkochbuch von 1917.

AF131967

SEVERUS Verlag

Hermann, Emil: Pilzkochbuch von 1917. Eine nostalgische Rezept-
sammlung, liebevoll illustriert. 2021
Neuauflage der Ausgabe von 1917
ISBN: 978-3-96345-324-3

Korrektorat und Satz: Tamara Boerner
Illustrationen: Tamara Boerner

Umschlaggestaltung: Annelie Lamers, SEVERUS Verlag
Umschlagmotiv: www.pixabay.com

Bibliografische Information der Deutschen Nationalbibliothek: Die
Deutsche Nationalbibliothek verzeichnet diese Publikation in der
Deutschen Nationalbibliografie; detaillierte bibliografische Daten
sind im Internet über https://dnb.de abrufbar.

Der SEVERUS Verlag ist ein Imprint der Bedey & Thoms Media GmbH,
Hermannstal 119k, 22119 Hamburg

SEVERUS Verlag, 2021
http://www.severus-verlag.de
Gedruckt in Deutschland
Der SEVERUS Verlag übernimmt keine juristische Verantwortung
oder irgendeine Haftung für evtl. fehlerhafte Angaben und deren Folgen.

Emil Herrmann

Pilzkochbuch von 1917
Eine nostalgische Rezeptsammlung, liebevoll illustriert

Editorische Notiz:
Der Text der vorliegenden Edition beruht auf der Ausgabe:
Herrmann, Emil: Pilzkochbuch. Eine Anleitung zur vielseitigen Verwendung der Pilze im Haushalte für die bürgerliche Küche nebst einem Anhang "Kriegsküche" mit 145 Rezepten (4. umgearbeitete Auflage). Verlag von C. Heinrich, Dresden 1917. Die Orthographie wurde
behutsam modernisiert, grammatikalische Eigenheiten bleiben ge-
wahrt. Die Interpunktion folgt der Druckvorlage. Der Inhalt ist im his-
torischen Kontext zu lesen.

Inhalt

1

Vorwort des Verlages

Der Trend, wieder so viel wie möglich aus der Umgebungs-natur in die Küche zu holen, verbreitet sich immer mehr. Wir benutzen im Alltag oftmals mehr Pilze, als wir wissen: Hefe besteht z.B. aus Nutzpilzen, die beim Backen oder bei der Gärung von Bier unersetzlich sind. Auch in der Medizin tauchen sie auf: Antibiotika werden beispielsweise aus Pil-zen gewonnen. Auf der anderen Seite gibt es natürlich auch krankheitsauslösende Arten, wie Nagelpilz oder Rauschpilze.

Wenn wir an einen Kinderbuchwald denken, baut sich vor unserem inneren Auge ein Bild auf, das auch immer Pilze beinhaltet. Aber wissen wir eigentlich seit wann Pilze auf unserem Planeten existieren? Es wird vermutet, dass die ersten Pilze schon vor über 1000 Millionen Jahren gewach-sen sind. Darüber hinaus gibt es wohl Funde aus China, die die Existenz von Pilzen vor über 1,5 Milliarden Jahren beweisen sollen. Von offizieller Seite wurden diese Angaben allerdings noch nicht verifiziert.

Die Angst, giftige Pilze beim Sammeln im Wald zu pflü-cken, ist bei vielen sehr groß. Das liegt an den vielen Berich-ten über lebensgefährliche Unfälle, wenn Laien im Wald Pilze sammeln und dabei giftige für ungiftige halten. Daher bleibt es meistens bei den Pilzen, die im Supermarkt verkauft werden. Dazu gehören Steinpilze, Champignons und Pfif-ferlinge. Auch weniger regionale Pilze wie u.a. Austernpilze oder Shiitake werden immer beliebter. Jeder kann Pilze sel-ber sammeln, wenn er sich vorher gründlich mit dem Thema beschäftigt und sich an ein paar grundlegende Regeln hält. Da Pilze Schwermetalle aufnehmen können, sollten bei-spielsweise keine alten Pilze gesammelt werden, da diese eine lebensgefährliche Dosis enthalten können. Pilze enthalten oft auch hitzelabile Gifte, die jedoch durch Erhitzen zerstört werden. Dementsprechend kann es bei manchen Pilzen erforderlich sein, sie vorher zu kochen oder zu braten, um Verdauungsbeschwerden oder leichte Vergiftungen zu vermeiden. Die wichtigste Regel ist freilich, dass man nur jene Pilze sammeln und essen sollte, die man zweifelsfrei identifizieren kann. Dafür ist ein hilfreicher erster Schritt, sich darüber zu informieren, welche Pilze überhaupt in der Region oder dem Wald wachsen, in der oder dem man sammeln gehen möchte. Außerdem gibt es sogenannte Pilzberatungsstellen, bei denen man seine Pilze von Pilzkennern überprüfen lassen kann, sollte eine große Unsicherheit herrschen.

Nicht zu vernachlässigen ist außerdem die rechtliche Lage, die beim Pilzesammeln auch immer beachtet werden muss. Laut des Bundesnaturschutzgesetzes darf nur für den Eigenbedarf gesammelt werden. Eine gesetzliche Gewichtsgrenze gibt es zwar nicht, aber ein bis zwei Kilogramm pro Tag sollten nicht überschritten werden. Wer vorhat mehr zu sammeln, benötigt dafür eine Genehmigung. Dabei ist es egal, ob man nur für sich oder mit einer Gewinnabsicht sammeln möchte. Bei Nichteinhalten dieser Regel droht ein hohes Bußgeld. Wichtig ist auch, dass das Sammeln von Pilzen in Naturschutzgebieten allgemein verboten ist, genauso wie das Sammeln von geschützten Pilzsorten. Darüber hinaus kann jedes Land für sich entscheiden, welchen spezifischen Regelungen das Sammeln in seinen Wäldern unterliegt. Es ist daher mehr als ratsam, sich vor dem Sammeln auch genauestens über die Regeln in den jeweiligen Gebieten, in denen man sammeln gehen möchte, zu informieren.

Viele Jahrhunderte wurden Pilze zu den Pflanzen gezählt. Erst durch neue Untersuchungsmethoden wurde entdeckt, dass Pilze aufgrund ihrer phylogenetischen, biochemischen und anatomischen Befunde eher den Tieren ähnlich sind. Beide sind heterotroph und ernähren sich von organischen

Nährstoffen aus ihrer Umgebung. Außerdem bilden beide Glykogen als Speichersubstanz. Der Grund, warum Pilze so lange zu den Pflanzen gezählt wurden, ist, dass beide Zellwände und Vakuolen besitzen. Den Pilzen fehlt es aber an Cellulose und Plastiden (verantwortlich für die Fotosynthese), welche für Pflanzen so typisch sind. Darüber hinaus ist jeder Teil des Organismus der Pilze komplett autark, das bedeutet, dass zwischen den einzelnen Teilen keine Kommunikation stattfindet. Das unterscheidet sie von Tieren und Pflanzen. Auch eine Art Tagesrhythmus o.Ä. scheint es bei Pilzen nicht zu geben. Aufgrund ihrer Einzigartigkeit ist es sinnvoll, dass Pilze ihr eigenes Reich bekommen haben.

Eine weitere Besonderheit bei den Pilzen ist deren Fortpflanzung. Es gibt zwei verschiedene Arten: asexuell und sexuell. Die meisten Pilze vermehren sich asexuell, das heißt sie bilden Sporen, die in die Luft geschossen werden und sich so verbreiten. Bei der sexuellen Fortpflanzung werden die betreffenden Pilze für kurze Zeit diploid. Dabei findet eine Art Zellteilung statt. Es entstehen entweder Fruchtkörper oder Myzelien. Die Fruchtkörper können nur mit einem erhöhten Energieaufwand gebildet werden. Dafür ist eine gute Sauerstoffversorgung notwendig. Die Myzelien entstehen auch in sauerstoffarmen Vegetationen, wie z.B. in vermodertem Holz. Pilze können an so vielen verschiedenen Orten wachsen, weil sie totes organisches Material zersetzen (Destruenten), sich als Parasiten von anderen Lebewesen ernähren oder in einer wechselseitigen Symbiose mit Pflanzen oder Flechten leben können. Als Destruenten sind Pilze sehr wichtige Bestandteile des Ökosystems, da sie fast als einzige in der Lage sind, Lignin aufzuspalten und verwerten zu können. Aus den organischen Abfällen bilden sie Humus.

Der Autor dieses Werkes (1861–1926) war eine wahre Koryphäe in seinem Fach (Mykologie/Pilzforschung). Er erforschte sein ganzes Leben lang die verschiedenen Pilzarten und schrieb mehrere Bücher darüber. Er unterrichtete sogar die Polizei darüber, welche Pilze giftig sind und welche nicht. Am besten kannte er sich aber mit den Pilzen in seiner Heimat, in der Lausitz, aus. Dazu gehören Maronen, Steinpilze und Pfifferlinge. Ihm zu Ehren wurde ein Pilz benannt: »*Bacidia herrmannii*«.

Sowohl in Büchern, als auch im Internet kann man Listen zur Kategorisierung von giftigen und essbaren Pilzen finden. Mit neuen Erkenntnissen sind diese über Jahrhunderte immer wieder entsprechend angepasst worden. Hinzu kommen unterschiedliche regionale Geschmäcker. Während in manchen Orten teils leicht giftige Pilze als Delikatesse gelten, werden diese anderorts als ungenießbar eingestuft. Da dieses Rezeptbuch aus dem Jahr 1917 ist, entspricht die Klassifizierung der meisten Pilze nicht mehr dem neuesten Stand. Die folgende Tabelle gibt einen Überblick über diejenigen Pilze, deren Einstufung – wenn auch teilweise nur leicht – geändert wurde. Aufgrund dieser Veränderungen war es auch nötig, den Originaltext an manchen Stellen anzupassen. Die betreffenden Stellen sind im Text kenntlich gemacht.

Hexenpilz	roh giftig, gekocht genießbar. Im Buch: als nicht giftig gekennzeichnet
Giftreizker	leicht giftig (so ähnlich im Buch ausgedrückt)
Mordschwamm	unter entsprechender Vorbehandlung in bestimmten Gebieten beliebter Speisepilz, nicht giftig
Wolliger Milchling	essbar
Speiteufel	schwach giftig
Büscheliger Schwefelkopf	giftig
Falscher Gelbling	essbar, kann bei übermäßigem Verzehr Magen-Darm-Beschwerden hervorrufen
Lila Dickfuß	giftig

Schwefelritterling	giftig
Grünling	giftig, im Buch als essbar gekennzeichnet
Pantherschwamm	giftig, im Buch wird von ihm abgeraten
Filziger Milchling	schwach giftig
Gallenröhrling	wie im Buch beschrieben – ungiftig, aber bitter
Dickfußröhrling	leicht giftig und sehr bitter
Perlpilz	roh giftig, gekocht nicht
Tränender Täubling	roh leicht giftig
Kahler Krempling	giftig, im Buch als essbar gekennzeichnet
Schwefelgelber Ritterling	giftig
Stockschwämmchen	nicht giftig
Kartoffelbovist	giftig
Butterpilz	streitig
Spitzmorchel	roh giftig, kochen oder 6 Monate trocknen
Wiesen-Ellerling	roh giftig, gekocht essbar. Im Buch wird das nicht gekennzeichnet

Um den Charme des Buches zu erhalten, wurden einige Wörter, die heute nicht mehr benutzt werden, stehen gelassen. Für ein besseres Verständnis folgen hier also Begriffserklärungen:

seiht	(durch)sieben
Rapontika	Feldsalat
Darmkatarrh	Darmentzündung

Wir wünschen viel Spaß beim Nachkochen der Rezepte und Durchstöbern der Wälder!

Tamara Boerner

SEVERUS Verlag

VORWORT ZUR 4. AUFLAGE

Mit dem zunehmenden Interesse für unsere heimischen Pilze hat auch das vorliegende Kochbuch immer größere Beachtung gefunden, so dass sich bereits eine 4. Auflage nötig macht. Diese hat auf Grund neuer Erfahrungen mehrfache Abänderungen, Berichtigungen und Verbesserungen erfahren. Eine wertvolle Ergänzung bildet besonders für die Kriegszeit der Anhang mit den f e t t l o s e n P i l z g e r i c h t e n . Das Buch dürfte sich darum aufs Neue zahlreiche Freunde verschaffen.

Anstatt besonderer Empfehlung seien ein paar Sätze aus der Besprechung seitens eines tüchtigen Fachmannes herausgegriffen. Derselbe sagt u.a.: »Das Werk verrät von Anfang bis zu Ende den tüchtigen und praktischen Pilzkenner der neuen Schule. Von dieser Praxis zeugen die richtigen Pilzregeln, die mit den unsinnigen Regeln älterer Werke gründlich aufräumen. Der Abschnitt über die Doppelgänger, der mir in Ihrem Buche erstmalig entgegentritt, erhöht das Buch in seinem Werte ganz beträchtlich. Es gefällt mir die ziemlich reiche Liste der Speisepilze, deren Auswahl von großer Kenntnis des Pilzwertes zeugt. – Es freut mich, dass Sie den Bedürfnissen der bürgerlichen, selbst der einfachsten Küche des Volkes entsprechen. Wer nach diesem Kochbuche Pilze zubereitet, bei dem wird auch der Wohlgeschmack jeder einzelnen Pilzart recht zur Geltung kommen. Die Auswahl der verschiedenen Pilzgerichte ist eine so reichhaltige und vielseitige, wie sie kein anderes Buch bietet. Es ist nur zu wünschen, dass das Buch bald Eingang findet in allen Kreisen des Volkes.«

Besonderer Dank sei an dieser Stelle für freundliche Beratung bei Umarbeitung der Kochrezepte Frl. K ä t e S c h m i d t , Haushaltungslehrerin, ausgesprochen.

D r e s d e n, Juni 1917.

Der Verfasser.

I.

ALLGEMEINER TEIL

Die Pilze als Nahrungsmittel

Unter dem Artenreichtum unserer heimischen Pilzflora kann man nach der Bedeutung für den Menschen drei Gruppen unterscheiden: solche, die als Nahrung dienen können, andere, welche der Gesundheit direkt schädlich sind und sogar den Tod herbeiführen können, und wieder andere, welche in wirtschaftlicher Beziehung völlig wertlos sind. Wir haben es demnach mit essbaren, schädlichen und wertlosen Pilzen zu tun. Für den Haushalt interessiert uns natürlich die Abteilung der Speisepilze nach der mannigfachen Verwendung. Sie lassen sich sowohl zu Suppen, als auch zu Gemüse, zum Braten und Backen, zu Salat und Gewürz, ja sogar zur Dekoration von Gerichten verwenden. Über den Nährwert gibt es recht verschiedene Ansichten. Manche preisen die Pilze wegen ihrer großen Nahrhaftigkeit als das »Fleisch des Waldes« und stellen sie den Hülsenfrüchten an die Seite. Was sagen dazu die neueren wissenschaftlichen Untersuchungen?

Die Pilze zeichnen sich durch großen Wassergehalt aus, da von 100 Teilen des frischen Pilzes durchschnittlich 90 Teile auf Wasser kommen. Der Gehalt an Eiweißstoffen steht bedeutend hinter dem Getreide, den Hülsenfrüchten und dem Fleisch zurück. Nach Rubner enthält Rindfleisch 20% Eiweiß, der frische Steinpilz dagegen 5,4%. Von diesen Eiweißstoffen ist nur ein Teil löslich. Während bei Fleisch nach Rubner 98% verdaut werden, so sind beim Steinpilz nur 65% der Eiweißstoffe verdaulich. Die Verdaulichkeit der Pilze wird ferner noch beeinträchtigt durch die schwer lösliche Zellmembran.

Rubner nimmt an, dass von der ganzen Masse des Steinpilzes 64% ausgenützt werden, während bei Mehl und Fleisch 96% verarbeitet werden. Der Nährwert der Pilze ist nach dem Alter verschieden. Jüngere Pilze sind nahrhafter als ältere. Der Hut des Pilzes ist reicher an Eiweißstoffen als der Stiel. Um den Nährgehalt so viel wie möglich zu erschließen, ist eine möglichst weitgehende Zerkleinerung erforderlich, wie dies bei der Verarbeitung zu Pilzpulver geschieht. Wenn auch die Pilze in ihrem Nährwert weit hinter Fleisch, Mehlspeisen und Hülsenfrüchten stehen, so sind sie auf alle Fälle ein wertvolles Gemüse, das den grünen Gemüsearten an die Seite gestellt werden kann. Der Wert der Pilze liegt besonders darin, dass sie eine willkommene Bereicherung und Abwechslung in die täglichen Mahlzeiten bringen, eine vielseitige Zubereitungsweise gestatten, überaus schmackhafte Gerichte liefern und wegen ihrer Billigkeit und der Herstellung zu Dauerware geeignet sind, ein bedeutsames Volksnahrungsmittel zu werden.

Pilzregeln

Allgemeine Erkennungszeichen für die Genießbarkeit der Pilze gibt es nicht. Darum gilt als erste Regel:

1. Nimm nur die Pilze, welche du g e n a u kennst!

2. Sammle nur f r i s c h e Pilze und bereite sie frisch zu! Denn selbst alte, schwierige Speisepilze werden infolge der raschen Zersetzung schädlich, ja sogar giftig. Der größte Teil der Pilzvergiftungen kommt sicher auf verdorbene Speisepilze.

3. Das B l a u a n l a u f e n des frischen Pilzfleisches beweist gar nicht die Ungenießbarkeit. Das geschieht bei vielen sehr guten Speisepilzen, z.B. dem Rothautpilz.

4. Die Genießbarkeit erkennt man nur bei wenig Arten am G e r u c h und G e s c h m a c k. Beide sind keine zuverlässigen allgemeinen Erkennungszeichen für die Genießbarkeit. Selbst unsere giftigsten Pilze haben angenehmen Geruch und Geschmack.

5. S c h m i e r i g e B e s c h a f f e n h e i t und bunte Farbe beweisen keineswegs die Schädlichkeit der Pilze.

6. Unter den B l ä t t e r p i l z e n gibt es ebenso essbare wie giftige.

7. Das S c h w a r z w e r d e n von S i l b e r z e u g und von Z w i e b e l n im Pilzgerichte beweist keineswegs die Giftigkeit der Pilze.

8. P i l z m a d e n fressen sowohl die giftigsten wie die genießbaren Pilze an.

9. Pilze, welche sich leicht abziehen lassen, sind vor der Zubereitung zu h ä u t e n .

10. G e n i e ß b a r sind alle Lorchel-, Morchel-, Trüffel-, Becher-, Stachelpilze, Händlinge und Stäublinge im jugendlichen Zustande mit Ausnahme des Kartoffelbovists.

11. Vermeide Röhrenpilze, welche am Stiel und unter dem Hute l e b h a f t r o t gefärbt sind.

12. Von Blätterpilzen sind alle Täublinge, Milchlinge, Ritterlinge, Rüblinge, Trichterlinge und Schirmpilze essbar, welche im frischen Zustande einen m i l d e n G e s c h m a c k haben.

13. Genießbar sind alle R ö h r e n p i l z e mit weißen, grauen, gelben und grünen Röhren bei m i l d e m Geschmack.

14. Alle fleischigen L ö c h e r p i l z e (meist Baumschwämme) sind essbar.

Giftpilze und Pilzvergiftungen

Der Pilzreichtum unserer heimischen Fluren wird bei weitem nicht genug ausgenützt. Alljährlich verderben hier Volksnahrungsmittel im Werte von mehreren Millionen Mark. Es sind mehrere Gründe für diese Vernachlässigung vorhanden, nämlich Teilnahmslosigkeit, Unkenntnis der genießbaren Arten, mangelhafte Kenntnis der verschiedenen Ausnützung und Zubereitungsweise, ganz besonders aber die Furcht vor Vergiftungen. Jeden Pilz, den der Unkundige nicht zu benennen weiß, bezeichnet er als Giftpilz, so dass für die meisten Leute der Wald voller Giftpilze steht. In Wirklichkeit aber liegt die Sache so, dass wir auf unseren Fluren gegen 150 essbare Arten und nur ganz wenig giftige haben. Man schützt sich am besten gegen Pilzvergiftungen, wenn man sich zunächst unsere Giftpilze ordentlich einprägt, damit man sie von den guten zu unterscheiden weiß.

Die gefährlichste Art bleibt auf jeden Fall der **Knollenblätterschwamm**. Kein anderer Giftpilz fordert alljährlich so viel Opfer wie dieser. Man hat drei Arten zu unterscheiden: den gelblichweißen Knollenblätterschwamm *(Amanita mappa)*, den Frühlingsknollenblätterschwamm *(Amanita verna)* und den grünen Knollenblätterschwamm *(Amanita phalloides)*. Am besten lassen sich die drei Arten durch eine Gegenüberstellung in folgender Weise auseinander halten:

	Gelblichweißer Knollenblätterpilz *(Amanita mappa)*	Frühlingsknollenblätterpilz *(Amanita verna)*	Grüner Knollenblätterpilz *(Amanita phalloides)*
Hut	weiß, gelblichweiß, gelblichgrün, mit größeren oder kleineren Hautwarzen bedeckt, fleischig	weiß, feucht klebrig, meist hohl	olivgrün, glatt, seidenartig glänzend, anfangs glockig, zuletzt ausgebreitet

Blätter	weiß, frei	weißlich, gedrängt, frei	grünlichweiß, frei
Stiel	wie der Hut, 6–10cm hoch, oben hohl, über der Mitte mit zartem Hautringe, unten mit dicker scharf berandeter Knolle	weiß, flockig, mit hängendem, schuppigem Ringe, knollig mit großer häutiger Scheide	weiß mit grünlichen Flecken, am Grunde von einer großen, häutigen Hülle eingeschlossen, welche in der Jugend den ganzen Pilz umgibt, zarthäutiger Ring, darüber fein gestreift
Geruch	nach rohen Kartoffeln	schwach retticharig	süßlich

Die häufigste Art ist der **gelblichweiße Knollenblätterpilz** *(Amanita mappa)*. Er findet sich sowohl in Nadel- als auch in Laubwäldern und begegnet uns bisweilen auf Schritt und Tritt. Seltener ist *Amanita verna*. Sein Wachstum beginnt schon Ausgang des Frühlings. Er zieht feuchtere, humusreiche Wälder vor. *Amanita phalloides* liebt Laubwald und Gebüsch. Oft ist er unter Gesträuch am Waldrande anzutreffen. Diese Pilze enthalten mindestens drei stark wirkende Giftstoffe, von denen das Phallin besonders gefährlich ist. Der Pilz hat eine heimtückische Natur, da seine Giftwirkung nicht sofort gespürt wird, sondern sich erst nach 10 bis 30 Stunden bemerkbar macht. Der Kranke hat dabei furchtbare Schmerzen auszustehen. Es sollen schon zwei Exemplare genügen, den Tod herbeizuführen. Die ersten beiden Arten *A.mappa* und *A.verna* verursachen wohl deshalb so viele Vergiftungen, weil sie mit dem Champignon verwechselt werden. Bei *A.phalloides* ist dies wegen der ausgesprochen grünen Farbe und der großen Hülle kaum möglich. Der letztere hat sich nach neueren Beobachtungen als der gefährlichere erwiesen. Hauptunterschiede sind jedoch: Der **Knollenblätter-schwamm** hat auf dem Hute Warzen, die B l ä t t e r   s i n d   s t e t s   w e i ß , der Stiel hat eine berandete Knolle, und der ganze Pilz riecht nach rohen Kartoffeln. Der **Champignon** dagegen hat einen glatten oder schuppigen Hut, die B l ä t - t e r   s i n d   i n   d e r   J u g e n d   r o s a   o d e r   w e i ß - l i c h ,   i m   A l t e r   s t e t s   d u n k e l b r a u n , der Stiel ist ohne Knolle, höchstens etwas verdickt. Meist riecht der Pilz nach Anis. Eigentlich kommt als Doppelgänger zum Knollenblätterschwamm (*A.mappa*) nur der Schaf-Champignon in Frage, da er in Farbe, Größe und Gestalt jenem Giftpilze am ähnlichsten ist und in der Jugend sehr oft weißliche Blätter hat. Doch der Geruch unterscheidet ihn sicher.

Dem Knollenblätterschwamm ist nach seiner äußeren Gestalt der **Fliegenpilz** (*Amanita muscaria*) am nächsten verwandt. Er ist jedermann von Kindheit an so vertraut, dass sich seine Beschreibung erübrigt. Es sei jedoch darauf hingewiesen, dass er nicht immer typisch auftritt, sondern von der Hauptform in drei Abarten abweicht. Die Neben-art *A.m.formosa* hat einen zitronengelben Hut und gelbli-che Warzen. Die Form *A.m.umbrina* weist einen olivbrau-nen, nach dem Rande hin gelb gefärbten Hut mit gelben Warzen auf. Diese Form kann am leich-testen mit dem Pantherschwamm (*Amanita pantherina*) verwechselt werden. Eine dritte Form *A.m.regalis*, der Königs-fliegenpilz, wird etwa doppelt so groß wie die Stammform, hat einen leberbraunen Hut, meist einen vollen Stiel, der beim Durchschnitt am Rande gelbes Fleisch besitzt. Diese Form gilt als die gefährli-chere. Haupt- und Nebenformen sind auf

jeden Fall giftig, wenn auch nicht gleich gefährlich. Sie enthalten als wesentliche Giftstoffe Muskarin und Pilzatropin.
Das letztere namentlich übt die berauschende Wirkung
aus. Erfreulicherweise ist die Giftigkeit der Hauptform
nicht allzu groß. Man kann sogar ein oder zwei Exemplare
nach dem Abziehen der Haut verspeisen, ohne lebensge-
fährlich davon zu erkranken. Ich habe selbst einen halben
Pilz roh verspeist, ohne viel nachteilige Wirkung zu verspüren. Es stellte sich höchstens ein kratzendes Gefühl im
Rachen ein. Die berauschende Wirkung des Pilzes ist den
Eskimos und Samojeden Veranlassung, ein Getränk daraus
zu bereiten, das jenen Bewohnern Ersatz für Alkohol ist.

Der am meisten genannte und doch am wenigsten
bekannte Giftpilz ist der **Satanspilz** *(Boletus Satanas)*.
Zum Glück ist er bei seiner heimtückischen Natur und
unheimlichen Giftwirkung recht selten. Für das Königreich
Sachsen ist er mit Sicherheit noch nicht nachgewiesen. Er
hält sich vorzugsweise an tonigen und kalkhaltigen Boden
mit Laubwald und Gebüsch. Seine äußeren Merkmale sind
folgende: Hut polsterförmig und rehbraun, Röhren blutrot, Stiel dick, nach unten keulenförmig, oben gelbrot,
nach unten blutrot mit erhabener Netzzeichnung. Beim
Anschnitt ist das Fleisch weiß, färbt sich rot und zuletzt
blau. Der Geschmack des Fleisches ist mild wie Nusskern,
aber die Giftwirkung ist unheimlich. Schlagartig durch-
zuckt der Schmerz den Körper, große Mattigkeit befällt
ihn, und häufiges, andauerndes Erbrechen stellt sich ein.
Nach meiner Erfahrung wird er von wenigen gekannt. Man
verwechselt ihn mit nahen Verwandten, zumeist mit dem
(roh) giftigen Hexenpilz[1]. Auch Verwechslungen mit dem
Wolfsröhrling und Dickfußröhrling kommen vor.

---

[1]   Anm. des Verlags: Anpassung des Textes, da im Original der Hexenpilz als
       ungiftig aufgeführt war. Er ist roh giftig und nur gekocht essbar.

Dem Satanspilz bisweilen täuschend ähnlich ist der **Wolfsröhrling** *(Boletus lupinus)*, ebenfalls ein stark giftiger Pilz, wie ich am eigenen Leibe erfahren konnte. Die äußere Form erinnert an den Steinpilz. Der Hut ist meist graubraun, die Röhren sind orangerot, der Stiel ist gewöhnlich nach unten keulig verdickt, lebhaft orangerot, nach unten dunkelrot und mit feiner Netzzeichnung versehen. Die Hauptunterschiede zeigen sich beim Anschnitt. Das Fleisch ist gelblich, wird aber sofort blau und zuletzt rot. Der Geschmack ist mild, etwas säuerlich. Schon ein Stück so groß wie zwei Walnüsse rief eine starke Vergiftung hervor, welche sich in würgendem Erbrechen, Schmerzhaftigkeit der Glieder und großer Mattigkeit äußerte und einen mehrtägigen Darmkatarrh zur Folge hatte.

Die Reihe der Giftpilze wird durch den Kartoffelbovist *(Scleroderma vulgare)* geschlossen. Er hat das Aussehen einer Kartoffel mit gefelderter Außenhülle. Beim Durchschnitt zeigt er eine dicke, weiße Hülle. Die Innenmasse des Pilzes ist weiß, wird aber später schwarz. Der Pilz wächst vorzugsweise im Sandbaden. Er wird vielfach mit der Trüffel verwechselt und an deren Stelle in Scheiben geschnitten an die Speisen als Würze getan, ja sogar in die Wurst verarbeitet. Dem Verfasser sind Fälle von ernstlicher Erkrankung durch diesen Pilz bekannt.

Wenn die angeführten sieben Pilze als eigentliche Giftpilze mit ausgesprochener Giftwirkung zu bezeichnen sind, so verdienen noch einige unsere Beachtung, weil sie im V e r d a c h t e   d e r   G i f t i g k e i t stehen. Ich möchte sie als vermeintliche Giftpilze bezeichnen. Ich will sie nach ihrem wahren Wesen kennzeichnen, soweit meine persönliche Erfahrung reicht. Am meisten geschieht dem

Hexenpilz *(Boletus luridus)* unrecht. Sein dunkel olivbrauner Hut und die blutroten Röhren, der feuerrote Stiel und das schnell blau werdende Fleisch haben ihn in den Ruf der Giftigkeit gebracht und ihm den Namen Teufels- oder irrtümlicherweise auch Satanspilz eingebracht. Er ist aber ein durchaus schädlicher Pilz[2], der im Iser Gebirge mit Vorliebe gesammelt und dem Steinpilz gleichgestellt wird. Ich genieße ihn schon seit Jahrzehnten ohne jeden Nachteil.

Mit dem Giftnamen ist auch der **Giftreizker** *(Lactaria torminosa)* belegt. Nach meinen neuesten Versuchen aber muss ich ihn von diesem Verdachte freisprechen. Freilich ist seine Milch äußerst scharf und brennend. Wenn er jedoch abgebrüht wird, so verliert sich der scharfe Geschmack vollständig. Ich habe ihn gebraten in größerer Menge genossen, ohne schädliche Wirkung zu verspüren. Am schmackhaftesten ist er, wenn man ihn nach dem Abbrühen in Gewürzessig einlegt.[3]

Ähnlich verhält es sich auch mit dem **Mordschwamm** *(Lactaria·necator).* Den Namen hat er wohl auch unschuldigerweise von seinem düstern, dunkel olivgrünen Aussehen und der scharfen Milch erhalten. Man kann ihn ebenso wie den Giftreizker zubereiten.

Weniger Vertrauen habe ich zu dem **Wolligen Milchling** *(Lactaria vellerea).* Er ist unser größter Milchpilz von weißer Farbe mit trichterförmig vertieftem Hut. Er hat sehr viel weiße, scharfe Milch. Der Rand des Hutes fühlt sich weich wie Handschuhleder an. Dieser Pilz kam in meiner Heimat mehrmals unter den Trockenpilzen mit zum Ver-

---

2   Anm. des Verlags: Anpassung der Einstufung des Pilzes, da im Original der Hexenpilz als ungiftig aufgeführt war. Er ist roh giftig und nur gekocht essbar.

3   Anm. des Verlags: Roh ist der Pilz leicht giftig.

kauf. In ein paar Fällen hatte er starke Verdauungsstörungen verursacht[4], so dass die Ware vom Verkauf ausgeschlossen werden musste. Ich halte diesen Pilz mindestens für verdächtig, jedenfalls für nachteiliger als Mordschwamm und Giftreizker. Er wird häufig mit dem Pfeffermilchling verwechselt.

Allgemein wird der **Speiteufel** *(Russula emetica)* unter den Giftpilzen aufgeführt. Ich habe ihn früher auch dafür gehalten. Nach neueren Versuchen habe ich gefunden, dass kleine Mengen von ihm, vorher gebrüht und dann gebraten, keine nachteiligen Wirkungen ausübten. Ich kann ihn aber trotzdem n i c h t   a l s   S p e i s e p i l z empfehlen, da er auf keinen Fall ein wohlschmeckender Pilz ist.

Man findet wohl auch den **Büscheligen Schwefelkopf** *(Hypholoma fasciculare)* mit den gelbgrünen Blättern unter den Giftpilzen angeführt. Zuverlässige Vergiftungsfälle sind aber nicht bekannt. Persönliche Erfahrungen stehen mir außer dem bitteren Geschmack nicht zur Verfügung.

Als ganz ungefährlich ist auf jeden Fall **der Falsche Gelbling**[5] *(Cantharellus aurantiacus)* zu bezeichnen. Eine Verwechslung mit dem echten hat also durchaus keine Bedenken.

Als ungenießbar, ja sogar als schädlich, muss der **Lila Dickfuß** *(Inoloma traganum)* bezeichnet werden.

Nicht ganz so harmlos sind die beiden folgenden Pilze. Der erste ist der **Schwefelritterling** *(Tricholoma sulfureum)*. Er ist in allen Teilen schwefelgelb und sieht dem Grünling *(Trich. equestre)* recht ähnlich. Aber sein Geruch ist äußerst widerlich. Sein Genuss hat in einem mir

---

4   Anm. des Verlags: In Süd-, West- und Mitteleuropa gilt er als ungenießbar.
      In Russland und der Ukraine wird er dagegen hoch geschätzt.

5   Anm. des Verlags: Bei empfindlichen Menschen und übermäßigem Verzehr
      kann er zu Magen-Darm-Beschwerden führen.

bekannten Falle heftiges Erbrechen und starkes Unwohlsein hervorgerufen.

Der andere ist der **Pantherschwamm** (*Amanita pantherina*). Ich muss nach meinen Erfahrungen entschieden von ihm abraten, selbst wenn man die Haut des Hutes vorher abzieht. Ich kenne zwei Erkrankungsfälle. Der eine war so ernstlich, dass zweitägige schwere Erkrankung mit Bewusstlosigkeit und Lähmungserscheinungen die Folge des Genusses waren. Auch ist leicht eine Verwechslung mit dem Königsfliegenpilz möglich. Ich kann mich demnach der Ansicht über seine Genießbarkeit trotz der Behauptungen in unseren besten Pilzwerken nicht anschließen. Es stehen auch ganz tüchtige Fachleute auf meinem Standpunkte. So wird er in Zürich auf dem Pilzmarkte nicht zugelassen.

Es ist ganz entschieden vor einem als genießbar bezeichneten Milchpilz zu warnen, dem **Filzigen Milchling** (*Lactaria helva*), der in Lehrbüchern vielfach irrtümlich als Wohlriechender Milchling bezeichnet ist, auch den volkstümlichen Namen »Maggipilz« erhalten hat. Er kommt häufig in unsern Nadelwäldern vor. Es ist ein ziemlich saftarmer Milchpilz von ziegelfleischroter Farbe von derbem Fleisch und filzig-schuppigem Hute. Frisch ist er geruchlos, im trocknen Zustande duftet er aber äußerst kräftig nach Steinklee oder wie die Maggiwürze. Er darf höchstens in kleinen Stückchen als Würze verwendet werden. Als Gemüse in größeren Mengen genossen wirkt er geradezu gesundheitsschädlich. Es sind mir mehrere Erkrankungsfälle bekannt, bei denen Übelkeit, baldiges Erbrechen, Ohnmachtszustände und längere Verdauungsstörungen auftraten.

Um sich vor Pilzvergiftungen zu hüten, ist es dringend nötig, k e i n e a l t e n und v e r d o r b e n e n Pilze zu genießen. Dadurch sind bisher weit mehr Vergiftungen vorgekommen als durch sämtliche Giftpilze. Jeder, auch der beste Speisepilz, wird durch Übergang in Fäulnis zum Giftpilz. Durch solche verdorbene Ware ist schon mancher an und für sich harmlose Pilz in den Ruf eines Giftpilzes gekommen. Darum sammle man nur frische, gesunde Ware, lasse sie vor der Zubereitung nicht lange liegen und hebe auch das Pilzgemüse nicht tagelang auf. Im Übrigen ist die Frage der Giftpilze keineswegs eine abgeschlossene, sondern bedarf weiterer Prüfung und persönlicher Erforschung, eine Aufgabe, welcher sich der Verfasser trotz der damit verbundenen Gefahr eifrig unterzieht.

Bei **Pilzvergiftung** ist möglichst rasch der Magen zu entleeren. Wenn nicht die Natur schon von selbst für Erbrechen sorgt, so errege man dasselbe. Außerdem empfiehlt sich, möglichst viel kaltes Wasser zu trinken, heiße Kompressen auf Magen und Leib zu legen und nach eingetretenem Schweiß 26° warme Halbbäder zu nehmen.[6] Das beste Mittel zur Verhütung ist aber genaue Artenkenntnis. Diese erwirbt man sich am besten unter Anleitung eines tüchtigen Fachmannes, durch Besuch von Pilzausstellungen und durch gründliches Studium guter Pilzbücher. Als solche seien Gramberg, Pilze der Heimat, und Michael, Führer für Pilzfreunde, genannt.

---

6   Anm. des Verlags: Laut der Deutschen Gesellschaft für Mykologie e.V. ist
     bei Verdacht sofort ein Notarzt zu rufen, und nur im akuten Notfall mut-
     willig Erbrechen herbeizuführen.

Die Doppelgänger

Da die Giftigkeit dem Pilze nicht anzusehen, auch durch Geruch nicht anzumerken ist, auch kaum geschmeckt wird, so ist das Sicherste eine scharfe Einprägung, welche am besten erreicht wird, wenn man die giftigen oder doch ungenießbaren Pilze mit den äußerlich verwandten essbaren, »Doppelgänger« genannt, zusammenstellt. Es seien in folgenden Beschreibungen 15 Paare der wichtigsten Doppelgänger angeführt. Selbstverständlich muss die genaue Beschreibung durch naturgetreue Abbildungen unterstützt werden, wie man sie in guten Pilzbüchern, namentlich bei Gramberg und Michael, findet.

STEINPILZ *(Boletus bulbosus Schaeff.)* und GALLENRÖHRLING *(Tylopilus felleus Bull.).* In Größe und Gestalt unterscheiden sich beide Pilze nur wenig. Der Steinpilz hat einen nach unten stark verdickten Stiel mit weißer, flacher, netzadriger Zeichnung im oberen Teile. Beim Gallenröhrling ist die Verdickung meist viel geringer, die netzadrige Zeichnung aber am oberen Ende ist braun und erhaben. Der Hut des letzteren ist polsterförmig. Die Röhren des Steinpilzes sind anfangs weiß, später gelb oder grünlich, beim Gallenröhrling aber später fleischfarben. Das Fleisch des Steinpilzes ist stets fest, beim Durchschnitt reinweiß, beim Gallenröhrling stets weicher und beim Bruche rötlich werdend. Den letzteren erkennt man sofort an dem widerlich bitteren Geschmack. Er ist zwar nicht giftig, kann aber ein Pilzgericht völlig ungenießbar machen. Ist man über beide Pilze im Unklaren, so braucht man nur ein Stück des angebrochenen Pilzes an die Zunge zu halten, und der Gallenröhrling wird sich sofort durch seinen bitteren Geschmack zu erkennen geben.

HEXENPILZ[7] *(Boletus luridus Schaeff.)* und SATANSPILZ *(Boletus Satanas Lenz.).* In den meisten Fällen hat man es mit dem Hexenpilz zu tun, während der Satanspilz kaum in Frage kommt, denn er ist bei seiner Vorliebe für Kalkboden so selten, dass es als ein ganz besonderer Umstand gilt, ihn zu finden. Beide Pilze sind von der Größe des Steinpilzes. Der unten verdickte Stiel ist bei beiden lebhaft rot, ebenso die Mündung der Röhren unter dem Hute. Der Geschmack ist ebenfalls bei beiden gut. Während der Hexenpilz stets eine dunkle, meist olivenbraune Hutfarbe besitzt, so zeigt der Hut des Satanspilzes stets eine hellbraune bis graubraune Farbe. Der Stiel des Hexenpilzes ist meist bis oben blutrot und im oberen Teile mit kleinen roten Schüppchen besetzt, während er beim Satanspilz nach oben orange bis lebhaft gelb ist und rote, netzadrige Zeichnung aufweist. Beim Durchschneiden zeigt der Hexenpilz gelbes Fleisch, welches sofort blau anläuft, während das Fleisch des Satanspilzes weiß ist, aber sofort rötlich anläuft und nachher violett und blau wird.

HEXENPILZ[8] *(Boletus luridus Schaeff.)* und DICKFUSS-RÖHRLING *(Boletus pachypus Fr.).* Der Dickfuß ist in der Gestalt sowohl dem Hexen- als auch dem Satanspilz ähnlich. Der Stiel gleicht in seiner Verdickung mehr dem des Steinpilzes. Vom Hexenpilz unterscheidet er sich vor allen Dingen durch gelbe Röhren, grauen bis gelbbraunen, hellen Hut und erhabene, netzadrige gelbe Zeichnung des oberen Stielendes. Das weißliche Fleisch läuft s o f o r t blau an. Der Geschmack ist sehr bitter, der Pilz darum ungenießbar.

---

7   Anm. des Verlags: Der Hexenpilz ist roh giftig, gekocht ist er essbar.

8   Anm. des Verlags: Er ist roh giftig und nur gekocht essbar.

CHAMPIGNON und KNOLLENBLÄTTERSCHWAMM.
Diese beiden Pilze sind unter allen die wichtigsten Doppelgänger, weil durch Verwechslung
beider die meisten und schwersten Pilzvergiftungen
vorkommen. Es handelt sich ausschließlich um den
Schaf-Champignon *(Psalliota arvensis Schaeff.)*
und den gelblichweißen Knollenblätterschwamm *(Amanita mappa Batsch.)*. Man trifft beide
bisweilen im Walde an. Sie sind von weißer Grundfarbe,
welche im Alter ins Gelbliche übergeht. Im Jugendzustande
haben vielfach beide weiße Blätter. Mir sind sogar recht
zahlreiche Beispiele von Schaf-Champignons mit durchaus weißen Blättern vor Augen gekommen. Der Hut ist
mit dem Stiel in der Jugend durch einen dicken, häutigen
Schleier verbunden, welcher später zerreißt und als Ring
am Stiel zurückbleibt. Der Stiel beider Pilze ist unten verdickt. Die unterscheidenden Merkmale zeigt folgende
Gegenüberstellung:

	Schaf-Champignon	Knollenblätterschwamm
Hut	Haut leicht ablösbar, ohne Schleierreste	Haut nicht ablösbar, meist mit Schleierresten besetzt
Blätter	In der Jugend rosa, biswei-len weiß, im Alter braun-schwarz, fast alle gleichlang, am Stielanfang breit	Stets weiß, von ungleicher Länge, an beiden Enden verschmälert
Stiel	Am Grunde schwach ver-dickt, brüchig, dickflei-schig, ohne Scheide	Unten mit dicker Wulst und deutlich ausgebil-deter Scheide, zäh und biegsam
Sporen	Braunschwarz	Weiß
Geruch	Würzig, nach Anis	Geruchlos oder nach rohen Kartoffeln
Standort	Wiesen, Acker, Gärten, Wälder, Höfe, Ställe	**Nur** im Walde, vorzugs-weise im Nadelwalde

Der Knollenblätterschwamm kann schließlich auch noch in hellfarbigen Exemplaren des Perlpilzes oder auch im narzissengelben Wulstling Doppelgänger finden.

KAISERLING (*Amanita caesarea Scop.*) und **FLIEGENPILZ** (*Amanita muscaria L.*). Obgleich der Fliegenpilz wegen seines häufigen Vorkommens und seiner auffälligen Erscheinung als allgemein bekannt vorausgesetzt werden darf, so kommen dennoch Verwechslungen mit dem sehr ähnlichen aber seltenen Kaiserling vor. Beide sind Wulstlinge mit scharlachrotem Hute, der mit Hautfetzen der früheren Hülle bedeckt ist, mit einem unten verdickten Stiele, der oben einen Ring trägt. Den Kaiserling erkennt man sofort an den g e l b e n Lamellen, dem g e l b e n Stiel und g e l b e n Fleisch. Der Geschmack ist so vorzüglich, dass er schon im Altertum als Leckerbissen hoch in Ehren stand. Er kommt aber in Norddeutschland fast gar nicht vor, in Mitteldeutschland selten und auch nicht allzu häufig in Süddeutschland, weit mehr dagegen in Italien. Durch unangenehmen Geruch und Geschmack gibt sich der Fliegenpilz nicht zu erkennen. Obgleich manche Personen behaupten, ihn ohne Nachteil gegessen zu haben, so gilt er dennoch als Giftpilz. Das beweist schon die berauschende Wirkung durch geringe Mengen. Die schädliche Wirkung hängt übrigens ganz von der Menge und Zubereitung ab.

PERLPILZ (*Amanita pustulata Schaeff.*) und **KÖNIGSFLIEGENPILZ** (*Amanita muscaria var. regalis Fr.*). Beide Wulstlinge werden so oft miteinander verwechselt, dass eine Unterscheidung dringend geboten ist. Der Perlpilz gibt sich durch seinen fleischroten oder weinrot gefärbten Hut und den rötlich angelaufenen Stiel zu erkennen. Sein

Speisewert ist, wenn die Huthaut abgezogen wird, allgemein anerkannt.[9] Der Königsfliegenpilz dagegen hat nach dem Zeugnis von Michael schon mehrfach infolge Verwechslung zum Tode geführt. Er täuscht leicht durch seinen dunkel rotbraunen Hut, welcher später leberbraun wird. Die aufliegenden Flocken dagegen sind gelblichweiß oder weiß. Beim Durchschnitt zeigt das Fleisch nach dem Hute hin einen rotbraunen und nach den Lamellen einen bräunlich gelben Rand. Der ganze Pilz überragt die gewöhnliche Form des Fliegenpilzes wesentlich. Ein Kennzeichen des Königsfliegenpilzes ist auch die ockergelbe Hülle an der Knolle des Stiels, ebenso der gelbe Rand des durchschnittenen Stiels.

SPEISETÄUBLING *(Russula vesca Fr.)* und SPEITEUFEL *(Russula emetica chaeff.)*. Beide wachsen im Nadel- und Laubwalde. Der Speiteufel bevorzugt feuchtere Standorte. Der Speisetäubling ist viel derber, starrer, der Speiteufel dagegen dünnfleischig und gebrechlich. Der Hut des Speisetäublings ist fleischfarben mit dunklerer Mitte und von aderig runzeliger Beschaffenheit. Der Hut des Speiteufels dagegen ist viel lebhafter gefärbt, blutrot, purpurrot, schmutzig rosa bis weißlich und besitzt einen höckerig gefurchten Rand. Die Blätter des Speisetäublings sind gedrängt und verschieden lang, die des Speiteufels entfernt und gleich lang. Sie erreichen den Stiel nicht ganz, so dass dieser frei ist. Das Fleisch des Speisetäublings ist fest, graufleckig und hat einen milden, nussartigen Geschmack, das des Speiteufels ist gebrechlich, reinweiß und sehr brennend. Die Giftigkeit des Speiteufels ist aber keineswegs mit Sicherheit erwiesen. (Siehe den Abschnitt »Giftpilze«!)

---

9   Anm. des Verlags: Er ist roh giftig und nur gekocht essbar.

RUNZELSTIEL-TÄUBLING *(Russula Linnaei Fr.)* und
TRÄNENDER TÄUBLING[10] *(Russula sardonia Fr., Russula
Queletii Fr.)*. Beide sind größere Täublingsarten von lebhaftroter Färbung und kommen meist im Nadelwalde vor.
Der erstere tritt nur vereinzelt auf, der letztere dagegen
gesellig. Den Runzelstiel-Täubling erkennt man an dem
leuchtend blutroten 8 bis 12 cm breiten Hute, dem rosa
angehauchten, aderig runzligen, schwammigen Stiel,
den blassen, später ockergelben Blättern und dem starren, milden Fleisch. – Der Tränende Täubling dagegen
ist kenntlich an dem purpurvioletten, bisweilen gelbfleckigen, derbfleischigen Hute, dem violett angelaufenen,
gleich dicken Stiel, den blass zitronengelben, gedrängten
Blättern, welche bei feuchtem Wetter mit Wassertröpfchen
besetzt sind, dem unter der Huthaut kirschroten Fleisch
und dem überaus brennend scharfen Geschmack. Es gibt
nach meiner Erfahrung kaum einen Täubling, welcher
ebenso scharf im Geschmack ist wie dieser. Drum wird er
selbst von tüchtigen Pilzkennern irrtümlich als Speiteufel
angesprochen. Der Runzelstiel-Täubling aber zählt wegen
seines Wohlgeschmackes zu den besten Speisepilzen.

ECHTER REIZKER *(Lactaria deliciosa L.)* und
GIFTREIZKER[11] *(Lactaria torminosa Fr.)*. Beide sind
Milchpilze mit rötlichgelbem, meist gezontem, im Alter
trichterförmig vertieftem Hute. Den echten Reizker
erkennt man sofort an der ziegelroten Milch, dem glatten
Hutrande und den grünlichen Stellen nach Verletzung.
Der Giftreizker dagegen hat immer scharfe, weiße
Milch und einen zottigen Hutrand (siehe Abschnitt
»Giftpilze«!).

---

10   Anm. des Verlags: Er ist im rohem Zustand leicht giftig.

11   Anm. des Verlags: Im rohen Zustand ist der Pilz leicht giftig.

BRÄTLING *(Lactaria volema Fr.)* und **ROTBRAUNER MILCHLING** *(Lactaria rufa Scop.).* Beide Milchlinge sind von rotbrauner Farbe am Hut und Stiel mit dicht stehenden Blättern, welche ein wenig herablaufen. Sie wachsen in Nadel- und gemischten Wäldern. Der Brätling ist dickfleischiger, Hut und Stiel sind gelbbraun. Bei Verletzungen wird viel weiße, milde Milch abgesondert. Die verletzten Stellen werden bald dunkelbraun. Der Rotbraune Milchling ist viel spröder, schwächer, dünnfleischiger und von scharfem Geschmack, ohne deswegen giftig zu sein.

KAHLER KREMPLING *(Paxillus involutus Batsch.)* und **MORDSCHWAMM** *(Lactaria necator Pers.).* Beide wachsen häufig im Kiefernwalde. In der Mitte sind sie vertieft, am Rande umgerollt. Die Grundfarbe ist dunkelbraun. Der Krempling hat braunes Fleisch und einen lederbraunen Hut, der Mordschwamm weißes Fleisch mit viel weißer Milch und der Hut geht mehr ins Olivengrün über. Jener hat herablaufende, dieser angewachsene Blätter. Der Krempling ist giftig[12], der Mordschwamm aber wegen des scharfen Geschmackes nur in Essig eingelegt zu verwenden.

ECHTER RITTERLING oder **GRÜNLING** *(Tricholoma equestre L.)* und **SCHWEFELGELBER RITTERLING** *(Tricholoma sulfureum Bull.).* Beide Ritterlinge sind Herbstpilze, an Hut, Blättern und Stiel in der Hauptsache von gelber Farbe. Den Gattungscharakter erkennt man an den am Stielansatz ausgebuchteten Blättern. Diese Ausbuchtung tritt beim Grünling deutlicher hervor. Er ist viel kürzer und derbfleischiger und am Grunde des Stiels meist verdickt. Der Hut ist anfangs halbkugelig, später flach

---

12   Anm. des Verlags: Änderung des originalen Textes, da der Pilz als nicht
     giftig gekennzeichnet wurde.

gewölbt, von gelbgrüner, bisweilen olivbrauner Farbe. Über den ganzen Hut sind feine Schüppchen verstreut. Der Schwefelritterling ist dagegen flach ausgebreitet, in der Mitte später niedergedrückt, dünnfleischig und viel spröder. Das Fleisch des Grünlings ist gelblichweiß, das des letzteren aber schwefelgelb. Der Grünling ist nur in sandigen Nadelwäldern truppweise, meist bis zum Hute in der Erde steckend, anzutreffen, während der Schwefelritterling den humusreichen Boden des Laub- oder Mischwaldes liebt. Der letztere gibt sich sofort durch seinen überaus widerlichen, an Hanf erinnernden Geruch zu erkennen. Sein Genuss ist tatsächlich schädlich, wie Erfahrungsbeispiele bewiesen haben. Der Grünling aber gehört zu unseren giftigsten Speisepilzen.[13]

TAUBENRITTERLING *(Tricholoma columbetta Fr.)* und GEFLECKTER RÜBLING *(Collybia maculata Schw.).* Beide sind größere, dickfleischige, weiße Blätterpilze. Der Taubenritterling ist in allen Teilen reinweiß, erreicht eine Hutbreite bis 10 cm und darüber. Der Stiel ist faserig gestreift und etwas angeschwollen. Als Ritterling kennzeichnet er sich durch die Ausrandung der Blätter am Stielansatz. Er hat seinen Standort an grasigen Stellen des Waldes, am Waldrande, auch in Straßengräben der Waldnähe. Der Pilz ist von mildem, angenehmem Geschmack. – Der Gefleckte Rübling ist bei seiner weißen Grundfarbe an den rostfarbenen Flecken von Hut und Stiel kenntlich. Der letztere ist wurzelartig verlängert. Er ist vorzugsweise im Nadelwald, vielfach am Grunde der Stämme zu finden. Sein Geschmack ist ausgesprochen bitter.

---

13   Anm. des Verlags: Änderung des originalen Textes, da der Pilz als essbar
      beschrieben wurde.

STOCKSCHWÄMMCHEN (*Pholiota mutabilis Schaeff.*) und
BÜSCHELIGER SCHWEFELKOPF (*Hypholoma fasciculare Sacc.*). Beide wachsen in großen Massen gesellig an faulenden Baumstümpfen. Der Stockschwamm ist in allen Teilen braun, der Schwefelkopf schwefelgelb. Jener hat am Stiel einen häutigen Ring und ist darunter mit Schuppen besetzt. Nach unten wird der Stiel schwarzbraun. Der Stiel des letzteren ist glatt und gelb. Der Stockschwamm hat einen milden, der Schwefelkopf einen bitteren Geschmack. Dem Büscheligen Schwefelkopf nahe verwandt ist der Rauchblättrige Schwefelkopf (*Hypholoma capnoides Fr.*). Er wächst am gleichen Standort, hat einen lebhaft gelbbraunen Hut ohne eine Spur von gelbgrüner Farbe und einen gelblichweißen Stiel, unterscheidet sich hauptsächlich durch seine anfangs weißlichen, später rauchgrauen Blätter von jenem. Er ist von mildem Geschmack und ein ganz vorzüglicher Suppenpilz, als solcher dem Stockschwamm an die Seite zu stellen. Auf jeden Fall ist er dem weit größeren und lebhafter gefärbten ziegelroten Schwefelkopf (*Hypholoma lateritium Schaeff.*) bei weitem vorzuziehen.

SOMMERTRÜFFEL (*Tuber aestivum Vitt.*) und **KARTOFFELBOVIST** (*Scleroderma vulgare Fl. Dan.*). Beide sind runde, stiellose, fast kugelige Pilzgebilde, welche eine gefelderte bis warzige Haut besitzen. Der Geruch ist bei beiden kräftig. Die Trüffel ist von dunkelbrauner Farbe, im Innern aber weiß und braun marmoriert. Der untere Teil ist zu einer kleinen Höhlung eingezogen. Der Kartoffelbovist ist außen gelblich, ockerfarben bis hellbraun. Im Jugendzustande ist die Haut glatt, reißt aber später auf, wird gefeldert oder auch großwarzig. Die Haut ist sehr dick. Anfangs erscheint der Fruchtkörper im Innern weiß, wird aber sehr bald dunkelviolett und später ganz schwarz. Der Standort beider Pilze ist ganz verschieden. Der Kartoffelbovist wächst auf Sandboden, die Trüffel nur auf Kalk- oder Tonboden, besonders unter Eichen und Buchen. In Sachsen ist die echte Trüffel eine Seltenheit, mehr kommt sie in Thüringen, Hannover und Schlesien vor. Sie steckt stets unter der Erde, während der Kartoffelbovist oberirdisch wächst. Er wird leider anstatt der Trüffel nur zu häufig in die Wurst und an den Braten getan, obgleich er zu den schädlichen Pilzen gehört.

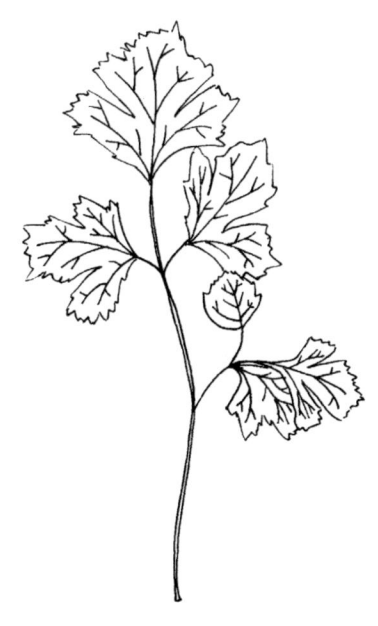

DAS SAMMELN DER PILZE

Wenn auch schon im Frühjahre vereinzelt Pilze austreten, so bleiben doch die Monate August, September und Oktober die eigentlichen Erntemonate für die Pilze. Herbstpilze, wie Ritterlinge wird man bei günstigem Wetter sogar noch im Dezember sammeln können. Zu ergiebigem Wachstum gehört feuchte Wärme. Bei Ost- oder Nordwind und niederer Temperatur ist keine große Ausbeute zu erwarten. Man findet sie sowohl im Nadel- wie im Laubwalde, auf Wiesen, an Wald- und Wegrändern, auf dem Erdboden, an Baumstümpfen wie auf Düngerstätten. – Für das Einsammeln empfiehlt sich ein festes Behältnis wie Korb, Pappkiste, Karton. Sie dürfen nicht zu sehr gedrückt werden. Man reiße die Pilze nicht heraus, sondern drehe oder schneide sie tief ab, weil man sonst das Pilzgeflecht oder Myzelium beschädigt. Nur zu häufig findet man die Sitte, Pilze, welche unbekannt oder verdächtig erscheinen, umzustoßen. Man lasse sie lieber für andere Sammler stehen, welche mehr Artenkenntnis besitzen und den Pilzvorrat darum besser ausnützen können. Es ist ratsam, die Pilze sauber geputzt in sein Behältnis zu legen. Man bringt seine Ernte in sorgfältigerer Weise heim, hat zu Hause weniger Arbeit damit und übergibt dem Waldboden durch das Zuputzen sowohl Düngung als auch die zur Fortpflanzung nötigen Sporen. Man kommt dann auch nicht in die unangenehme Lage, von Maden angefressene Pilze mitzunehmen und die gesunden damit anzustecken.

SPEISEPILZE

Von dem großen Reichtum essbarer Pilze, mindestens 150 Arten, seien hier nur die wertvollsten und verbreitetsten Arten angeführt.

SPEISEMORCHEL *(Morchella esculenta L.)*. Zu Suppen, Gemüse, zum Trocknen und als Gewürz an Tunken.

SPITZMORCHEL[14] *(Morchella conica Pers.)*. Verwendung wie der Speisemorchel.

STOCKMORCHEL *(Gyromitra esculenta Pers.)*. Wie der Speisemorchel.

KRAUSE ODER HERBST-LORCHEL *(Helvella crispa Scop.)*. Wie der Speisemorchel.

GRUBENLORCHEL *(Helvella lacunosa Afz.)*. Wie der Speisemorchel.

KASTANIENBRAUNER BECHERLING *(Peziza badia Pers.)*. Zu Gemüse und Salat.

WEISSE TRÜFFEL *(Chaeromyces maeandriformis Vitt.)*. Wie der Speisemorchel.

SOMMERTRÜFFEL *(Tuber aestivum Vitt.)*. Wie der Speisemorchel.

GALLERTPILZ *(Tremellodon gelatinosus Scop.)*. Zu Salat und zum Einlegen in Essig.

---

14 Anm. des Verlags: Die Spitzmorchel ist im rohen Zustand giftig und erst nach langem Kochen oder 6 monatiger Trockenzeit essbar.

KLEBRIGES SCHÖNHORN (*Calocera viscosa Pers.*). Zum Einlegen in Essig und als Dekorationspilz für Salate, kalten Aufschnitt und dergl.

TOTENTROMPETE (*Craterellus cornucopioides L.*). Zu Suppen, Gemüse, zum Trocknen, vorzüglicher Gewürzpilz.

GELBER ZIEGENBART (*Clavaria flava Schff.*). Zu Suppen und Gemüse.

TRAUBIGER ZIEGENBART (*Clavaria botrytis Pers.*). Wie der Gelbe Ziegenbart.

FETTE HENNE ODER KRAUSE GLUCKE (*Sparassis ramosa Schff.*). Vorzüglicher Suppenpilz, zu Gemüse, zum Trocknen, Sterilisieren und Einlegen in Essig.

SEMMEL-STOPPELPILZ (*Hydnum repandum L.*). Zu Gemüse und zum Trocknen.

REH-, HIRSCHPILZ ODER HABICHTSSCHWAMM (*Phaeodon imbricatum L.*). Zu Gemüse, zum Sterilisieren, zum Einlegen in Essig und zu Pilzpulver.

STÄUBLINGE (*Lycoperdon*). Im jugendlichen Zustande zu Gemüse.

BOVISTE (*Bovista*). Wie die Stäublinge, nicht zu verwechseln mit dem Kartoffelbovist.

ERBSEN-STREULING (*Pisolithus arenarius Alb. et Schw.*). Als Gewürz.

SEMMELPORLING *(Polyporus confluens Alb. et Schw.)*. Zu Gemüse, zum Sterilisieren, Einlegen in Essig und zum Trocknen.

SCHAFEUTER *(Polyporus ovinus Schff.)*. Wie der Semmelporling.

LAUBPORLING *(Polyporus frondosus Schrad.)*. Zu Gemüse und zum Einlegen in Essig.

EICHHASE *(Polyporus ramosissimus Schff.)*. Wie der Laubporling.

LEBERPILZ *(Fistulina hepatica Fr.)*. Zum Backen und zur Bereitung von Extrakt.

ZIMT-RÖHRLING *(Suillus castaneus Bull.)*. Zu Gemüse, zum Braten und Trocknen.

KORNBLUMEN-RÖHRLING *(Suillus cyanescens Bull.)*. Wie der Zimt-Röhrling.

STEINPILZ *(Boletus bulbosus Schff.)*. Zu Suppe, Gemüse, Salat, Tunken, Extrakt, zum Trocknen, Sterilisieren, Einlegen in Essig, Dünsten und Braten.

BIRKENPILZ *(Boletus scaber Bull.)*. Wie der Steinpilz.

ROTHAUTPILZ, »ROTHÄUPTCHEN« *(Boletus rufus Schff.)*. Wie der Steinpilz.

HEXENPILZ[15] *(Boletus luridus Schff.)*. Wie der Steinpilz.

---

15   Anm. des Verlags: Der Hexenpilz ist im rohen Zustand giftig.

MARONEN-RÖHRLING *(Boletus badius Fr.).* Wie der Steinpilz.

BRAUNER RÖHRLING *(Boletus spadiceus Schff.).* Wie der Steinpilz.

ZIEGENLIPPE *(Boletus subtomentosus L.).* Wie der Steinpilz.

ROTFUSS-RÖHRLING *(Boletus chrysenthereon Bull.).* Zu Suppe, Gemüse, Salat, Extrakt und zum Trocknen.

SAND-RÖHRLING *(Boletus variegatus Sw.).* Wie der Rotfuß-Röhrling, außerdem jung zum Sterilisieren und Einlegen in Essig.

KUH-RÖHRLING *(Boletus bovinus L.).* Zu Gemüse und Extrakt.

KÖRNCHEN-SCHMERLING *(Boletus granulatus L.).* Wie der Steinpilz.

BUTTERPILZ[16] *(Cricunopus [Boletus] luteus L.).* Wie der Steinpilz.

GOLDGELBER SCHMERLING *(Cricunopus [Boletus] flavus With.).* Wie der Steinpilz.

ZIERLICHER SCHMERLING *(Cricunopus [Boletus] elegans Schum.).* Wie der Steinpilz.

---

16   Anm. des Verlags: Die Experten sind sich uneinig, ob der Butterpilz giftig ist
oder nicht. Nach dem Kochen sollte sich das Risiko allerdings gesenkt haben.

ECHTER GELBLING *(Cantharellus cibarius Fr.)*. Zu Gemüse, Salat, zum Dünsten, Backen, Sterilisieren, Einlegen in Essig und als Dekorationspilz.

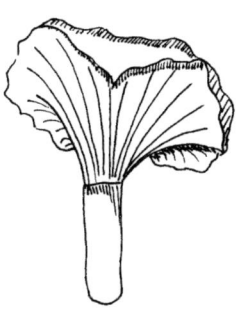

TRICHTERGELBLING *(Cantharellus infundibuliformis Fr.)*. Zu Gemüse, zum Sterilisieren und Einlegen in Essig.

MOUSSERON ODER LAUCHSCHWINDLING *(Marasmius alliatus Schff.)*. Als Gewürz und zur Bereitung von Soja.

NELKENSCHWINDLING *(Marasmius caryophylleus Schff.)*. Zu Suppe, Gemüse und zum Trocknen.

ANM. DES VERLAGS [17]

SCHOPF-TINTENPILZ »SPARGELPILZ« *(Coprinus porcellanus Schff.)*. Jung zu Suppe, Gemüse und zum Sterilisieren.

GROSSER SCHMIERLING, »KUHMAUL« *(Gomphidius glutinosus Schff.)*. Zu Gemüse, Salat und Extrakt.

KLEINER SCHMIERLING *(Gomphidius viscidus L.)*. Wie der Große Schmierling.

SCHWARZWERDENDER SAFTLING *(Hygrophorus conicus Scop.)*. Vorzüglich zu Suppen.

---

17   Anm. des Verlags: Änderung des originalen Textes, da hier der Kahle Krempling (giftig) aufgeführt wurde.

HOCHROTER SAFTLING *(Hygrophorus pun ceus Fr.)*. Zu Suppen, zu Gemüse.

WIESEN-ELLERLING *(Hygrophorus ficoides Bull.)*[18]. Zu Suppe, Gemüse, Salat, zum Sterilisieren.

ZIEGEN-ELLERLING *(Hygrophorus caprinus Scop.)*. Wie der Wiesen-Ellerling.

ELFENBEIN-SCHNECKLING *(Limacium eburneum Bull.)*. Zu Suppe und Gemüse.

GELBBLÄTTRIGER SCHNECKLING *(Limacium vitellum Alb. et Schw.)*. Zu Suppe und Gemüse.

ECHTER REIZKER *(Lactaria deliciosa L.)*. In jeder Zubereitung von vorzüglichem Wohlgeschmack. Zu Suppen, Gemüse, besonders schmackhaft gebacken, roh oder gebrüht als Salat, zum Sterilisieren, Einlegen in Essig, Bereitung von Extrakt, zu Tunken, eingesalzen.

BRÄTLING *(Lactaria volema Fr.)*. Zu Gemüse, zum Dünsten und Backen und zu Pilzextrakt. Sehr wohlschmeckender Pilz.

SCHWARZKOPF-MILCHLING, »ESSENKEHRER« *(Lactaria lignyota Fr.)*. Zu Suppen und Gemüse.

FILZIGER MILCHLING *(Lactaria helva Fr.)*. Zu Extrakt und getrocknet in kleinen Stückchen als Würze an Braten, Tunken, nicht als Gemüse.

---

18   Anm. des Verlags: Der Wiesen-Ellerling ist im rohen Zustand giftig.

ROTBRAUNER MILCHLING (*Lactaria rufa Scop.*). Nach Abbrühen zum Einlegen in Essig.

PFEFFER-MILCHLING (*Lactaria piperata Scop.*). Nach Abkochen in Salzwasser zu Pilzklößen.

ALLE MILDEN STÄUBLINGE. Zu Gemüse, zum Sterilisieren, Einlegen in Essig-und zu Salat.

LACK-BLÄULING (*Russuliopsis laccata Schröt.*). Zu Suppe, Gemüse, Salat, zum Einlegen in Essig und zum Sterilisieren.

PFLAUMEN-RASLING, MEHLPILZ (*Rhoclosporus prunulus Scop.*). Zu Gemüse, zum Dünsten und Trocknen.

ZIEGELROTER SCHWEFELKOPF (*Hypholoma lateritium schff.*). Zu Suppe, Gemüse, Salat.

RAUCHBLÄTTRIGER SCHWEFELKOPF (*Hypholoma capnoides Fr.*). Suppenpilz.

RUNZELIGER SCHWEFELKOPF (*Hypholoma stipatum P.*). Suppenpilz.

FELD-CHAMPIGNON (*Psalliota campestris L.*). Vorzüglicher Pilz zu Suppen, Gemüse, Tunken, als Würze zu Extrakt, zum Dünsten, Backen, Trocknen, Sterilisieren und Einlegen in Essig.

SCHAF-CHAMPIGNON (*Psalliota arvensis Schff.*). Wie der Feld-Champignon.

WALD-CHAMPIGNON (*Psalliota silvatica Schff.*). Wie der Feld-Champignon.

GRÜNSPANPILZ (*Stropharia viridula Schff.*). Suppenpilz und zu Gemüse.

STOCKSCHWAMM (*Pholiota mutabilis Schff.*). Vorzüglicher Suppenpilz, außerdem zu Gemüse, Extrakt, zum Sterilisieren und Einlegen in Essig.

FRÜHER SCHÜPPLING (*Pholiota candicans Schff.*). Zu Suppen und Gemüse.

AUSTERN-SEITLING (*Pleurotus ostreatus Jacq.*). Zu Gemüse, Salat, zum Sterilisieren und Einlegen in Essig.

NEBELGRAUER TRICHTERLING »GRAUKOPF« (*Clitocybe nebularis Batsch.*). Zu Gemüse, Salat, zum Trocknen, Sterilisieren und Einlegen in Essig.

ANIS-TRICHTERLING (*Clitocybe odora Bull.*). Gewürzpilz.

SAMTFUSS-RÜBLING, WINTERPILZ (*Collybia velutipes Curt.*). Zu Suppen und Gemüse.

HUF-RITTERLING (*Tricholoma gambosum Fr.*). Zu Gemüse, Salat, zum Trocknen, Sterilisieren und Einlegen in Essig.

SEIFEN-RITTERLING (*Tricholoma saponaceum Fr.*). Wie der Huf-Ritterling.

KAHLER RITTERLING (*Tricholoma nudum Bull.*). Wie der Huf-Ritterling.

TAUBEN-RITTERLING (*Tricholoma Columbetta Fr.*). Wie der Huf-Ritterling.

RÖTLICHER RITTERLING *(Tricholoma rutilans Schff.)*. Wie der Huf-Ritterling.

GRAUER RITTERLING, »SCHNEEPILZ« *(Tricholoma portentosum Fr.)*. Wie der Huf-Ritterling.

ANM. DES VERLAGS[19]

GROSSER SCHIRMPILZ, PARASOLPILZ *(Lepiota procera Scop.)*. Zu Suppe, Gemüse und zum Trocknen.

HALLIMASCH *(Armillaria mellea Flor. Dan.)*. Zu Suppe, Gemüse, Salat, Extrakt, zum Dünsten, Backen, Trocknen, Sterilisieren und Einlegen in Essig.

SCHEIDEN-RUNZLING, REIFPILZ *(Rozites caperata P.)*. Zu Gemüse, Salat, zum Trocknen, Sterilisieren.

PERLSCHWAMM *(Amanita pustulaia Schff.)*. Zu Gemüse, Suppe, Extrakt, zum Sterilisieren, Einlegen in Essig.

SCHEIDEN-STREIFLING *(Amanitopsis plumbea Schff.)*. Zu Suppe und Gemüse.

---

19   Anm. des Verlags: Änderung des originalen Textes, da hier ein giftiger Pilz
      (Grünling) aufgeführt wurde.

Einteilung der Speisepilze nach der Verwendung

Zu Suppen. Speisemorchel, Spitzmorchel, Stockmorchel, Böhmische Verpel, Gruben-Lorchel, Krause Lorchel, Weiße Trüffel, Sommer-Trüffel, Totentrompete, Gelber Ziegenbart, Traubiger Ziegenbart, Fette Henne, Birkenpilz, Rothaut-Röhrling, Steinpilz, Brauner Röhrling, Ziegenlippe, Rotfuß-Röhrling, Sand-Röhrling, Maronen-Röhrling, Butterpilz, Gold-Schmerling, Nelken-Schwindling, Schopf-Tintenpilz, Saftlinge, Wiesen-Ellerling, Elfenbein-Schneckling, Echter Reizker, Schwarzkopf-Milchling, Lack-Bläuling, Ziegelroter Schwefelkopf, Rauchblättriger Schwefelkopf, Champignon, Stockschwämmchen, Großer Schirmpilz, Hallimasch, Perlschwamm, Grünspanpilz.

Zu Gemüse. Speisemorchel, Spitzmorchel[20], Stockmorchel, Böhmische Verpel, Gruben-Lorchel, Krause Lorchel, Weiße Trüffel, Sommer-Trüffel, Gelber Ziegenbart, Traubiger Ziegenbart, Fette Henne, Stoppelpilz, Rehpilz, Flaschen-Stäubling, Semmel-Porling, Schafeuter, Birkenpilz, Rothaut-Röhrling, Steinpilz, Brauner Röhrling, Ziegenlippe, Rotfuß-Röhrling, Sand-Röhrling, Maronen-Röhrling, Kuh-Röhrling, Butterpilz[21], Gold-Schmerling, Trichter-Gelbling, Echter Gelbling, Nelken-Schwindling[22], Schopf-Tintling, Großer Schmierling, Wiesen-Ellerling[23], Elfenbein-Schneckling, Echter Reizker, Süßer Milchling, Brätling, Schwarzkopf-Milchling, Täublinge, Pflaumen-Rasling, Lack-Bläuling, Austern-Drehling, Nebelgrauer Trichterling, Ritterlinge, Ziegelroter Schwefelkopf, Champignon, Stockschwamm, Großer Schirmling, Hallimasch, Scheiden-Runzling, Perlschwamm.

---

20 Anm. des Verlags: Im rohen Zustand ist er giftig.

21 Anm. des Verlags: Die Experten sind sich uneinig, ob er essbar ist oder nicht.

22 Anm. des Verlags: Entfernung des Kahlen Kremplings, da dieser Pilz giftig ist.

23 Anm. des Verlags: Im rohen Zustand ist er giftig.

ZUM BACKEN. Rehpilz, Semmel-Porling, Leberpilz, Rothaut-Röhrling, Steinpilz, Ziegenlippe, Maronen-Röhrling, Butterpilz[24], Gold-Schmerling, Echter Gelbling, Echter Reizker, Brätling, Pflaumen-Rasling, Austern-Drehling, Champignon, Hallimasch.

ZUM BRATEN. Morcheln, Lorcheln, Trüffeln, Stoppelpilz, Rehpilz, Semmel-Porling, Leberpilz, Röhrlinge, Echter Gelbling, Krempling, Großer Schmierling, Echter Reizker, Brätling, Schwarzkopf-Milchling, Täublinge, Pflaumen-Rasling, Nebelgrauer Trichterling, Ritterlinge, Champignon, Großer Schirmling, Hallimasch, .

ZU TUNKEN. Morcheln, Lorcheln, Trüffeln, Ziegenbart, Fette Henne, Steinpilz, Ziegenlippe, Rotfuß-Röhrling, Maronen-Röhrling, Butterpilz[25], Krempling, Saftlinge, Elfenbein-Schneckling, Echter Reizker, Filziger Milchling, Brätling, Pflaumen-Rasling, Austern-Drehling, Huf-Ritterling, Champignon, Stockschwamm, Parasolpilz, Hallimasch, Perlschwamm.

ZU SALAT. Sämtliche Gemüsepilze.

ZUM STERILISIEREN. Morcheln, Lorcheln, Trüffeln, Ziegenbart, Semmel-Stoppelpilz, Semmel-Porling, Steinpilz, Brauner Röhrling, Ziegenlippe, Sand-Röhrling, Maronen-Röhrling, Trichter-Gelbling, Echter Gelbling[26], Schopf-Tintling, Echter Reizker, Täublinge, Sack-Bläuling, Austern-Drehling,

---

24   Anm. des Verlags: Entfernung des Kahlen Krempling, da dieser Pilz giftig ist.

25   Anm. des Verlags: Entfernung des Kahlen Krempling, da dieser Pilz giftig ist.

26   Anm. des Verlags: Entfernung des Kahlen Krempling, da dieser Pilz giftig ist.

Nebelgrauer Trichterling, Ritterlinge, Champignon, Stockschwamm, Parasolpilz, Hallimasch, Scheiden-Runzling, Perlschwamm.

ZUM EINLEGEN IN ESSIG. Sämtliche Pilze wie beim Sterilisieren mit Ausnahme der Morcheln und Lorcheln, besonders Rotbrauner Milchling.

ZUM TROCKNEN. Morcheln, Lorcheln, Trüffeln, Totentrompete, Ziegenbart, Fette Henne, Semmel-Stoppelpilz, Rehpilz, Semmel-Porling, Röhrlinge (von Zimt-Röhrling bis Zierlicher Schmerling), Gelblinge, Lauch-Schwindling oder Mousseron[27], Echter Reizker, Süßer Milchling, Filziger Milchling, Schwarzkopf-Milchling, Täublinge, Pflaumen-Rasling, Austern-Drehling, Nebelgrauer Trichterling, Ritterlinge (von Huf-Ritterling bis Echter Ritterling), Ziegelroter Schwefelkopf, Stockschwamm, Parasolpilz, Hallimasch, Scheiden-Runzling, Perlschwamm.

ZU EXTRAKT UND SOJA (GEWÜRZTER PILZEXTRAKT.). Sämtliche Gemüsepilze, besonders Steinpilz, Champignon, Trüffel, Leberpilz, Filziger Milchling, Echter Reizker.

ALS WÜRZE. Trüffeln, Champignon, Lauch-Schwindling oder Mousseron, Filziger Milchling, Anis-Trichterling, Streuling, Totentrompete.

---

27   Anm. des Verlags: Entfernung des Kahlen Krempling und des Wiesen-Eller-ling, da diese Pilze (roh) giftig sind.

Zum Garnieren

Morcheln, Lorcheln, Gelblinge, Saftlinge, Klebriges Schönhorn, außerdem junge, kleine Röhrlinge.

A n m e r k u n g . Die Kochrezepte beziehen sich immer auf vier Personen. Der durchschnittliche Bedarf für diese Personenzahl beträgt an frischen Steinpilzen zwei Pfund, an Gelblingen eineinhalb Pfund, an eingekochten Pilzen ein Pfund. An Trockenpilzen werden für eine Person 20–25g gerechnet. Ein Teil Trockenpilze entsprechen 10 Teilen frischer Pilze. 10g Butter entspricht einen Teelöffel voll.

II.

BESONDERER TEIL

A. Suppen

EINFACHE SUPPE VON STEINPILZEN. 1/2 Pfund frische Steinpilze werden nach dem sauberen Zuputzen in kleine Stücke geschnitten und mit Salzwasser möglichst zerkocht. Dann zerlässt man 20g Butter in einem Gefäß, schwitzt darin einen Esslöffel voll Mehl, gießt die zerkochten Pilze dazu, würzt noch mit Pfeffer, klargewiegter Petersilie und gebratenen Zwiebeln. Dieselbe Zubereitung mit Champignons statt der Steinpilze.

SUPPE VON STEINPILZEN MIT NUDELN ODER REIS. 1/2 Pfund zerkleinerte Steinpilze werden mit Butter gedünstet, in Fleischbrühe ausgekocht und mit Salz, Pfeffer und Petersilie gewürzt. Das Ganze kocht man noch einmal mit Nudeln (30g) oder Reis (60g) auf.

SUPPE VON CHAMPIGNONS. 200 g Champignons werden fein geschnitten und in Butter und Zitronensaft weich gedünstet. Dann schwitzt man in einem besonderen Gefäße zwei Esslöffel Mehl in Butter, gießt 1 1/4L Fleischbrühe hinzu und kocht beides. Darauf gibt man die gedünsteten Champignons nebst Saft hinzu, quirlt drei Eidotter daran und lässt die Suppe kurze Zeit ziehen. Der Suppe fügt man zuletzt noch geröstete Semmel hinzu.

4. **SUPPE VON STOCKSCHWÄMMCHEN (EINFACH).** Fein geschnittene Zwiebeln schwitzt man in 20g Butter, verrührt damit 1/2 Pfund zerkleinerte Stockschwämmchen und gießt kochendes Wasser nach Bedarf hinzu. Nachdem man mit Salz und Pfeffer gewürzt hat, kocht man das Ganze, bis die Pilze weich sind. Dann fügt man noch einen Esslöffel Mehl hinzu und würzt zuletzt mit Petersilie. Sehr wohlschmeckend.

SUPPE VON SAFTLINGEN. Man kann dazu alle Saftlingsarten verwenden, lebhaft gefärbte, kleine, saftige Blätterpilze im Grase. Die Pilze werden gewaschen und klein geschnitten. Mit reichlich Wasser, etwas Salz und Pfeffer werden sie zerkocht. In einem anderen Gefäße zerlässt man 20g Butter, verrührt darin einen Esslöffel Mehl und schüttet die Mischung in die kochende Suppe. Zuletzt fügt man etwas gewiegte Petersilie hinzu. Die Suppe hat ganz das Aussehen einer vorzüglichen Eiersuppe und ist äußerst wohlschmeckend.

SUPPE MIT MORCHELN UND GRÄUPCHEN. 50g Suppengräupchen werden in Wasser gekocht und dann abgegossen. Man wäscht 125g Morcheln gründlich, bis sie von allem Sande befreit sind. Dann brüht man die Pilze und gießt das Wasser ab und bringt sie in kaltes Wasser. Fein geschnittener Kohlrabi wird in Fleischbrühe gekocht und zugleich mit den Morcheln in die Gräupchen geschüttet und nochmals aufgekocht. Zuletzt macht man aus einem Ei einen Eierstand, den man stückchenweise der Suppe zufügt. Als Würze gibt man gewiegte Petersilie hinzu.

EINFACHE MORCHELSUPPE. Die abgebrühten Morcheln werden in Scheiben geschnitten. Dann schmort man sie 20 Minuten lang in Butter. Mit reichlich Wasser werden sie 1/4 Stunde gekocht, mit einem Ei abgezogen und etwas Petersilie daran gegeben. Man serviert die Suppe mit gerösteten Semmelstückchen. Um die Suppe kräftiger zu machen, nimmt man statt Wasser Fleischbrühe und fügt Zitronensaft hinzu.

SUPPE VON NELKENSCHWINDLINGEN. Die Hüte von 200g Nelkenschwindlingen schneidet man in Stücke, dünstet sie in Butter und Zwiebel. Darauf stäubt man Mehl darüber, gießt Erbsenbrühe darüber und kocht mit Petersilie auf.

SUPPE VON REIZKERN (EINFACH). Die gereinigten Reizker schneidet man in kleine Stücke und kocht sie in 1 1/4L Salzwasser weich. Man gibt ein Stück Butter daran und verdickt die Suppe mit etwas Weizenmehl. Zuletzt würzt man mit Petersilie. Sehr schmackhafte Suppe.

REIZKERSUPPE MIT TOMATEN. 200g feingewiegte Reizker dämpft man in Butter und Zwiebel. Dann setzt man den Inhalt von 200g Tomaten mit Wasser oder Fleischbrühe an, gibt die Reizker hinzu, stäubt einen Esslöffel Mehl hinein und lässt alles gut aufkochen.

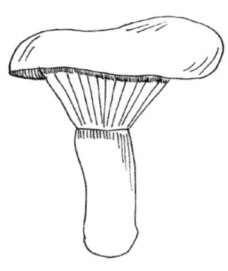

PILZSUPPE MIT JULIENNE. Hierzu kann man entweder einen bestimmten Suppenpilz oder auch 250g verschiedene Mischpilze verwenden. Hat man sie nicht frisch, so weicht man 25g Trockenpilze auf. Diese bringt man mit verschiedenem Wurzelwerk in eine Kasserolle und dünstet beides ein wenig in Butter. Als Wurzelwerk empfiehlt sich Möhre, Petersilie, Sellerie, Pastinak, Porree, Zwiebel, Blumenkohl, Kohlrabi, Spargel. Zu den Pilzen gießt man kochendes Wasser und lässt sie mit Zugabe von Salz weich kochen. Zuletzt quirlt man noch einen kleinen Esslöffel Erbsenmehl daran. Sehr wohlschmeckend.

PILZSUPPE MIT REIS. 1/2 Pfund frische oder 25g getrocknete Pilze, besonders Röhrlinge, werden sauber gewaschen, fein geschnitten und mit reichlich Wasser gekocht. Dann werden sie durchgeschlagen, der Saft wird mit Salz

gewürzt und ausgekocht. Darin lässt man 60g Reis aufquellen und fügt ein Stück Butter hinzu. Man kann auch
ein paar Spargelstangen beifügen. Die Suppe ist kräftig und
von gewürzhaftem Geschmack.

PILZSUPPE MIT GRIESS. In einem Liter Fleisch- oder
Knochenbrühe kocht man unter beständigem Umrühren
vier Esslöffel voll Grieß 20 Minuten lang. Dazu gießt man
den Saft der durchgeschlagenen Pilze, kocht noch einmal
auf und würzt mit gerösteten Zwiebeln.

PILZSUPPE MIT KARTOFFELN. In einer Kasserolle zerlässt
man einen Esslöffel Schweine- oder Gänsefett, tut eine
fein geschnittene Zwiebel daran. Damit verrührt man 20g
Mehl und dünstet darin die zerkleinerten Pilze. Gekochte
Kartoffeln werden geschält, gerieben und mit Wasser und
Salz angesetzt. Man schüttet darein die Pilze und kocht sie
mit der Suppe weich. Zuletzt würzt man mit fein gewiegter
Petersilie.

PILZSUPPE MIT GRÜNKERNEN. 50g Grünkernmehl
oder ganze Grünkerne kocht man mit Fleisch- oder
Geflügelbrühe. Die Suppe wird durch ein Sieb gegossen.
Dann schüttet man den Saft von zerkochten Pilzen oder
die fein geschnittenen, in Butter gedünsteten Pilze hinzu.
Das Ganze kocht man, bis die Pilze genügend weich sind.
Zuletzt gibt man noch gedünstete Zwiebel und Petersilie
hinzu. Die Suppe ist kräftig und wohlschmeckend. Statt
der Grünkerne kann man auch fünf Löffel Erbsmehl nehmen und in Schinken- oder Rauchfleischbrühe kochen.

PILZSUPPE NACH LAUSITZER ART. 1/4 Pfund gebackene
Pflaumen werden weich gekocht und durchgeschlagen.
Dem Safte wird etwas Essig und Zucker zugesetzt und das

Ganze dann ausgekocht. Unterdes sind die getrockneten, in Wasser ausgeweichten Pilze in Butter mit gebratener Zwiebel und etwas Salz weich gedünstet. Darauf werden die Pilze in den Pflaumensaft geschüttet und zusammen ausgekocht. Man erhält so eine sehr wohlschmeckende Suppe, welche in der Lausitz besonders zur Weihnachtszeit sehr beliebt ist.

SUPPE VON GEMISCHTEN PILZEN. 1/2 Pfund frische oder 25g getrocknete Pilze werden gewaschen, fein geschnitten, in einem Topf mit kochendem Wasser übergossen und eine Weile gekocht. Dann schüttet man sie in einen Durchschlag, lässt sie ablaufen, hebt das Pilzwasser auf und wiegt die Pilze fein. Dann dünstet man sie in 25g Butter. Darauf kommt 1/2L Fleischbrühe und 1/2L Pilzwasser dazu. Darin kocht man die Pilze 1/2 Stunde weich. Dann zieht man sie mit einem Ei und einem Löffel voll Mehl ab und gibt geröstete Semmel dazu. Zuletzt gibt man Petersilie und Pfeffer hinzu.

PILZSUPPE VON FETTER HENNE (SPARASSIS RAMOSA). 1/4 Pfund Fette Henne wird in Stücke geschnitten, mit Salzwasser gut ausgekocht und durch ein Sieb geschlagen. Dem Pilzsafte setzt man Fleischbrühe zu, kocht nochmals auf und zieht mit einem Ei und einem Esslöffel Mehl ab. Ist der Pilz zart, so wird er fein geschnitten und mit der Fleischbrühe zusammengekocht. Man gibt noch 20g Butter dran und serviert mit gerösteter Semmel.

B. Pilzgemüse

A n m e r k u n g : Man rechnet auf vier Personen 80–100g Trockenpilze oder 800–1000g frische. Butterbedarf für Pilzgemüse durchschnittlich 30g.

EINFACHES PILZGEMÜSE. Die gewaschenen und in kleine Scheiben geschnittenen Pilze werden ohne Wasser angesetzt, mit Salz, Kümmel, Pfeffer und Butter gedünstet. Zuletzt stäubt man ein wenig Mehl darüber und rührt fein gewiegte Petersilie darunter. Will man das Gemüse dick haben, so gießt man den Saft zu Suppe ab.

EINFACHES, SCHMACKHAFTES PILZGEMÜSE. Man lässt die Pilze nach dem Waschen gut abtropfen, schneidet sie in Stücke und kocht sie mit Fleischbrühe weich. Dann reibt man Semmel daran, bis die Brühe ein wenig eingedickt ist. Zuletzt rührt man fein gewiegte Petersilie daran.

GEMÜSE VON HIRSCHPILZ ODER HABICHTSSCHWAMM (HYDNUM IMBRICATUM). Man verwendet hierzu nur die Hüte. Diese werden gewaschen und in dünne Scheiben geschnitten. Das vom Waschen zurückgebliebene Wasser muss möglichst abgegossen werden. Dann bestreut man die Pilze mit Salz, Kümmel und Pfeffer und dünstet sie in Butter weich. Sodann macht man eine saure Tunke. Diese bereitet man, indem man in die Fleischbrühe Mehl quirlt, Essig daran gießt und Zwiebel hineinschneidet. Mit dieser Tunke kocht man nachher die Pilze zusammen.

GEDÜNSTETE PFLAUMEN-RASLINGE (RHODOSPORUS FRUNULUS). Die Pilze wäscht man, lässt sie abtropfen und dämpft sie nun ganz 1/4 Stunde in Butter und Salz. Dazu kommt folgende Tunke: Butter wird zerlassen und Mehl darin gelb geschwitzt. Dazu gießt man einige Tropfen Essig oder Zitronensaft und verdünnt die Tunke mit heißem Wasser. Dann gießt man sie über die Pilze und lässt dieselben noch eine Zeit lang dämpfen. In gleicher Weise kann man auch den Laubporling, Eichhasen und andere fleischige Pilze zubereiten.

KRÄFTIGES PILZGEMÜSE AUF EINFACHE ART. Die sauber gewaschenen Pilze werden mit Salz bestreut und mit Essig begossen. Letzteren gießt man ab. Dann schneidet man sie in dünne Scheibchen. Diese werden mit Butter und Zwiebel dick eingekocht. Dann bringt man dazu eine Mehlschwitze und verrührt das Ganze mit Salz, Pfeffer, Petersilie und Zitronensaft.

PILZGEMÜSE MIT SAURER SAHNE. Gut gewaschene Steinpilze oder auch Mischpilze schneidet man in kleine Stückchen. Darauf dünstet man sie in Butter, bestäubt sie mit Mehl und gießt eine Tasse saure Sahne darauf. Nachdem man mit Salz und Pfeffer gewürzt hat, dünstet man die Pilze vollends weich.

GEDÄMPFTE PILZE MIT SPECK. Der Boden einer Pfanne wird mit Speckscheiben belegt. Darauf wird etwas gewiegte Petersilie, Thymian, Nelken, Pfefferkörner und ein Lorbeerblatt getan. Sodann legt man die Hüte der Pilze darüber, bestreut sie mit Salz, begießt sie mit Fleischbrühe und dämpft sie gegen eine Stunde.

GEDÜNSTETE PILZE MIT WEIN. Die fein geschnittenen Pilze werden mit Salz und einigen Kümmelkörnern im eigenen Safte gedünstet. Diesen gießt man zu Suppe ab. Die Pilze werden dann in Palmin oder Butter mit Pfeffer, Zwiebel und Petersilie weich gedünstet. Man reibt einen Zwieback darauf und gibt ein Glas Weißwein hinzu.

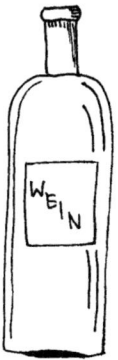

C. Pilze als Beigabe zu Suppe, Fleisch, Gemüse und Mehlspeisen

KALBFLEISCH MIT PILZEN. Ein Pfund Kalbfleisch wird mit Wasser und Salz halbweich gekocht. In einer Kasserolle dünstet man 1/2 Pfund Pilze in 25g Butter und stäubt 20g Mehl darüber. Dazu gibt man das in Stücke geschnittene Fleisch und lässt alles zusammen weichkochen. Sehr passend sind dazu Salzkartoffeln oder dicker Reis.

KALBSBRUST MIT STEINPILZEN. 1/2 Pfund feingeschnittene Pilze werden mit Salz, Butter, Mehl und Petersilie angedämpft. Unterdes ist die Kalbsbrust (1,5 Pfund) gekocht worden. Von der Brühe gießt man zu den Pilzen, so viel man Tunke wünscht. Nun kocht man diese 1/2 Stunde und zieht noch mit einem Eidotter ab. Darauf legt man das Fleisch ganz oder in Stücken in die Tunke.

KALBSKOTELETT MIT PILZEN. Das vorbereitete Kotelett (ein Pfund) wird in einer Pfanne mit Butter angebräunt. Dann bestreut man es mit folgenden fein geschnittenen Kräutern: Thymian, Petersilie, Basilikum und Zwiebel. Ebenso streut man die gut zerkleinerten Pilze (Steinpilze, Butterpilze[28], Champignons, Gelblinge, Morcheln) darüber, gibt einige Tropfen Zitronensaft dazu und brät alles gut zusammen. Vor dem Anrichten gießt man noch etwas Fleischbrühe hinzu.

RAGOUT VON KALBSGEHIRN MIT PILZEN. Das Gehirn wird gewaschen, von den feinen Häuten befreit, in Wasser mit Zwiebeln, Nelken, Salz, Pfeffer und Essig gekocht. Ein Esslöffel Mehl wird in Butter geschwitzt und das Gehirn nebst einigen Zitronenscheiben und 1/2 Glas Wein dazu getan. Beides kocht man zusammen. Vorher hat man 1,5 Pfund Pilze auf bekannte Art gedünstet. Nun rührt man

---

28   Anm. des Verlags: Sollte nicht im Übermaß zu sich genommen werden.

beides zusammen, lässt es noch einmal aufkochen und verrührt darunter ein Eidotter.

GULASCH MIT STEINPILZEN. Ein Pfund derbes Rindfleisch wird in Stücke geschnitten. In einer Kasserolle brät man in Butter oder Fett fein geschnittene Zwiebeln und die Fleischstücke. Fein geschnittene frische Stein- oder auch Mischpilze werden dazu getan und alles mit wenig Wasser gekocht, bis Fleisch und Pilze weich sind und der Saft etwas eingedickt ist. Zuletzt würzt man nach Bedarf mit Salz und Pfeffer und etwas Paprika. Ist der Saft zu sehr fein gekocht, so gießt man kochende Fleischbrühe hinzu und rührt etwas Mehl daran. Dazu passen: Salzkartoffeln, dicker Reis, Kartoffelmus und Makkaroni. Sehr schmackhaft.

GEFÜLLTE ROULADEN. Man bestreicht die Rouladenscheiben mit folgender Mischung: Semmel wird in Wasser aufgeweicht, gut ausgedrückt und in einer Kasserolle mit fein geschnittener Zwiebel in Fett so lange gerührt, bis sie sich gut ablöst. Nun vermischt man die Semmel mit den fein geschnittenen Pilzen, mit Ei, Salz, Pfeffer und Sardellen, rührt alles gut durcheinander, bis eine dicke Farce entstanden ist. Dann zerlässt man zur Hälfte Butter, zur Hälfte Fett, gießt ein wenig Wasser dazu und lässt darin alles schmoren. Zum Schluss gibt man angerührtes Mehl und etwas Zitronensaft hinzu. Vor dem Anrichten streut man einen Löffel Kapern darüber und garniert mit eingelegten Gelblingen (Pfifferlingen).

GEDÜNSTETES RINDFLEISCH MIT PILZEN. Ein Pfund derbes Rindfleisch schneidet man in Scheiben und dünstet es mit fein geschnittenen Zwiebeln, Pfeffer und Salz in Butter 1/2 Stunde. Dazu gibt man Zitronensaft, etwas Schale, 2–3 Löffel Mehl und die fein geschnittenen, gedämpften Pilze nebst Fleischbrühe. Man lässt nun alles noch 1/4 Stunde schmoren. Hierzu gibt man Karotten und Schoten.

HAMMELFLEISCH MIT PILZEN. In einer Kasserolle wird in Butter oder Palmin Mehl gebräunt. Ein Pfund in Stücke geschnittenes Hammelfleisch, mit Salz, Pfeffer, fein gewiegter Zwiebel und einem Stück Lorbeerblatt bedeckt, mit kochendem Wasser übergossen und halb weich gekocht. Dazu kommt ein kleines Bündel folgender Kräuter: Thymian, Estragon (sehr wenig) und Basilikum. Dazu schüttet man die fein geschnittenen Pilze (besonders Röhrenpilze). Das Ganze wird sodann weich gekocht. Man gibt dazu Kartoffelmus, Reis, Schnittbohnen. Sehr kräftig und von angenehmem Geschmack.

GEBRATENE LEBER MIT PILZEN. Ein Pfund Kalbs- oder Hammelleber schneidet man in dünne Scheiben, bestreut sie mit Salz, Pfeffer und Mehl und lässt sie 10 Minuten in Butter oder Fett auf beiden Seiten braten. Dann nimmt man die Leber heraus und gibt in die zurückgebliebene Butter die fein geschnittenen Pilze, einen Löffel Mehl und Zwiebel. Besonders schmackhaft sind Reizker, Champignons oder junge, saftige Parasolpilze. Zu den Pilzen kommt etwas Zitronensäure oder 1/2 Glas Weißwein und Fleischbrühe. Nachdem sie 1/2 Stunde gekocht haben, fügt man der Tunke gewiegte Petersilie zu. Beides, Leber und Tunke, serviert man gesondert zum Gemüse.

KARBONADE MIT PILZEN. Ein mageres Rippenstück (1,5 Pfund) vom Kalbe oder Schweine zerschneidet man in Stückchen und brät es hübsch braun. Dann nimmt man das Fleisch heraus, und in Butter bräunt man einen Löffel voll Mehl. Darauf gießt man kochendes Wasser und 1/2 Glas Weißwein hinzu. Die Tunke würzt man mit Salz und Pfeffer und gibt die Fleischstücke dazu. So lässt man dieselben in bedecktem Gefäße reichlich zwei Stunden dämpfen. Unterdes werden Steinpilze oder andere feine Röhrenpilze fein geschnitten und in 25g Butter, Petersilie und etwas Zitronensaft angedünstet. Zuletzt fügt man die Pilze dem Fleische zu und lässt alles zusammen noch 20 Minuten dämpfen.

SCHWEINSKOTELETT MIT PILZEN. Ein Schweinskotelett von 1,5 Pfund wird mit Pfeffer und Salz bestreut, mit Ei und Semmel paniert und gebraten. 1,5 Pfund junge, zarte, nicht allzu große Pilze, besonders feinere Röhrlinge, werden von den Stielen befreit und in reichlich Butter oder Fett mit Salz, Zwiebel, Zitronensaft und genügend Fleischbrühe gedünstet. Dann stäubt man Mehl oder geriebene Semmel darüber dünstet noch einmal und serviert die Pilze mit den Koteletten.

RAGOUT VON FLEISCHRESTEN MIT PILZEN. Zu einer Einbrenne gibt man eine fein geschnittene Zwiebel. Dann gießt man Fleischbrühe oder Wasser hinzu und gibt etwas Gewürz und Essig daran. In dieser Brühe kocht man zwei Pfund zerkleinerte Pilze nebst den Fleischresten. Ebenso lässt man Wurzelwerk, ein Stück Lorbeerblatt und einige Pfefferkörner mitkochen. Vor dem Anrichten werden Essigpilze, Gewürzgurken, Kapern und ein paar Zitronenscheiben noch einmal mit dem ganzen Inhalte ausgekocht. Man gibt dazu Salzkartoffeln.

KANINCHEN-FRIKASSEE. Man schneidet von zwei Pfund Fleisch Portionsstücke. In reichlicher zerlassener Butter schwitzt man einen Esslöffel Mehl gelblich. Dann legt man das Fleisch nebst Salz und zerschnittenen Zwiebeln hinein und lässt es auf beiden Seiten schmoren. Daran gießt man nach Bedarf kochendes Wasser hinzu und lässt hiermit fein geschnittene Pilze (Steinpilze, Champignons oder Reizker) weich kochen. Zuletzt gibt man noch einige Zitronenscheiben und geriebenen Zwieback hinzu.

HASENKLEIN MIT PILZEN. Das Hasenklein, Kopf, Hals, Herz, Läufe, Lunge und Leber, wird in Fett angebraten und mit einer fein gehackten Zwiebel und einer Gewürzdosis 1,5 Stunde in Wasser gedämpft. Ein Pfund gewiegte Mischpilze werden in Butter angedünstet und dazugegeben und noch 1/4 Stunde mitgekocht. Zum Schluss gibt man Essig, Salz, Pfeffer, angerührtes Mehl und wenn möglich, etwas saure Sahne dazu. Ratsam ist es, vor Zugabe der Pilze das Fleisch von den Knochen abzulösen und in Würfel zu schneiden.

GEFÜLLTE REBHÜHNER ODER TAUBEN. Man nehme von besseren Speisepilzen die genügende Menge zur Füllung des Geflügels. Die Pilze lasse man nach dem Waschen gut abtropfen. Dann werden sie entweder ganz (bei kleinen, jungen Exemplaren) oder in groben Stücken mit Butter, Salz und Pfeffer nur wenige Minuten gedämpft. Sind die Pilze erkaltet, so füllt man damit die gut gereinigten Hühner oder Tauben. Nun werden dieselben zugenäht und mit Speckstreifen umbunden und gebraten. Vor dem Servieren kann man das Geflügel mit einer Pilztunke übergießen.

BACKHUHN MIT PILZEN. Das Huhn wird in Stücke geschnitten, geklopft und mit Salz bestreut. Dann wendet man es in Mehl um und paniert es mit Ei und Semmel. Nun werden die Stücke in reichlich Butter oder Palmin auf beiden Seiten schnell gebraten. Darauf nimmt man das Fleisch heraus und stellt es warm. In der übrig gebliebenen Butter dünstet man fein geschnittene Pilze mit Salz, Pfeffer, Mehl und etwas Zitronensaft sowie Petersilie. Sind sie genügend weich, so serviert man sie gesondert mit dem Backhuhn und gibt dazu Salzkartoffeln, Spargel oder junges Gemüse.

GÄNSELEBER MIT PILZEN. Fein geschnittene zarte Pilze werden in Butter mit Pfeffer und Salz weich gedünstet. Die in größere Stücke zerschnittene Gänseleber wird mit Salz bestreut, in Mehl umgewendet und mit fein gewiegten Zwiebeln zugleich mit den Pilzen gebraten. Vorher gibt man noch ein Stück frische Butter dazu.

SEEFISCH MIT PILZEN. In einem größeren Gefäße bringt man zunächst das Wasser mit dem Wurzelwerk und Gewürz zum Kochen. Nachdem der Fisch geschuppt, ausgenommen und gut gewaschen ist, legt man ihn entweder ganz oder in größeren Stücken in das kochende Wasser. Sobald es aufzuschäumen beginnt, nimmt man den Fisch vom Feuer. In einer Kasserolle dünstet man Gemüsepilze (siehe Verzeichnis der Speisepilze!), würzt sie mit Salz, Pfeffer, Zitronensaft und gibt fein gewiegte Petersilie dazu. Den Fisch nimmt man aus dem Wasser, gibt zerlassene Butter dazu und belegt ihn mit Zitronenscheiben und Petersilie. Dazu serviert man die gedünsteten Pilze sowie Salzkartoffeln. Von Seefischen eignen sich in dieser Weise Schellfisch, Dorsch, Kabeljau.

GEBACKENER FISCH MIT PILZEN. Die Fische, z.B. Schollen, werden mit Mehl paniert und in eine mit Fett ausgestrichene Pfanne gelegt. Darüber streut man fein gehackte Petersilie und belegt die Fische mit fein gewiegten, gedünsteten Pilzen, denen zerkleinerte Zwiebeln beigemengt werden. In gleicher Weise wiederholt sich eine Lage Fisch und Pilze. An die Seite gießt man einen Schöpflöffel Knochenbrühe und einen Schöpflöffel Weißwein oder Apfelwein. Beim Anrichten träufelt man Zitronensaft darüber. Zu diesem Fischgericht reicht man Salz- oder Bratkartoffeln.

GEBACKENE FRISCHE HERINGE MIT PILZEN. Nach dem Schuppen und Reinigen der Heringe reibt man diese mit Salz ein und paniert sie mit Ei und geriebener Semmel oder nur mit Mehl und bäckt sie auf beiden Seiten schön braun. Wischpilze werden nach bekannter Art gedünstet, mir Zitronensaft und Petersilie gewürzt und zusammen mit Salzkartoffeln zu den gebackenen Heringen gegeben.

PILZKLÖSSCHEN. Man zerkleinert ein Pfund Mischpilze oder nur eine Art der besseren Speisepilze und dünstet sie mit 20g Butter oder Palmin. Dann vermischt man sie, noch ehe sie erkalten, mit Ei, Salz und geriebener Semmel oder Zwieback, formt daraus Klößchen und kocht sie in Fleischbrühe. Man gibt sie der Suppe oder auch dem Gemüse (Reis, Gräupchen) bei.

GEMÜSE MIT PILZEN. Es sei eine Zusammenstellung der Gemüsearten gegeben, zu denen Pilze eine wohlschmeckende Zuspeise sind, wohl auch das Fleisch ersetzen. Zu Reis und Gräupchen eignen sich in Salzwasser oder Fleischbrühe gekochte Gemüsepilze. Die gedünsteten Pilze passen zu Spargel, Schwarzwurzel, Grünkohl, Spinat,

Mangold, gedünsteten Möhren, Zwiebeln, jungen Erbsen, Leipziger Allerlei, Kohlrabi, Blumenkohl, Kartoffelmus, Bratkartoffeln.

KARTOFFELKLÖSSE MIT PILZFÜLLUNG. Die Pilze werden in Butter mit Mehl gedünstet, bis sie eine ganz dicke Masse bilden. Damit füllt man die Klöße statt der gerösteten Semmel und lässt sie dann in Salzwasser kochen. Schmackhafter wie mit Semmel. Die Kartoffelklöße gibt man mit pikanter Pilztunke nach Rezept.

KARTOFFELKLÖSSE MIT GEDÄMPFTEN PILZEN. Zwei Pfund Pilze werden im eigenen Safte mit Butter, Salz, Pfeffer und etwas Mehl gedünstet und den Klößen beigegeben. Ebenso kann man sie zu Grießklößen geben. Sehr schmackhaft.

MAKKARONI MIT PILZEN. 3/4 Pfund Makkaroni werden in Salzwasser gekocht, abgegossen, mit gelbbrauner Butter übergossen und mit geriebenem Parmesankäse bestreut. Man gibt die Makkaroni und Pilze schichtweise in eine Auflaufform, streut geriebene Semmel und ein paar Butterflocken darüber und überbäckt das Ganze. Sehr wohlschmeckend sind hierzu gedämpfte Reizker. Es eignen sich aber auch alle anderen gedünsteten und gebratenen Speisepilze (Gemüsepilze) dazu.

D. Eierspeisen mit Pilzen

OMELETTEN MIT PILZEN. Man bäckt auf bekannte Weise Omeletten auf beiden Seiten schön gelbbraun. Dann dünstet man bessere Speisepilze. Die mit Schnittlauch bestreuten Pilze verwendet man zum Füllen der Omeletten.

PILZEIERKUCHEN. Drei Brötchen werden klein geschnitten. Dann quirlt man zwei Eier, etwas Salz, 3/4L Milch, zwei Esslöffel Zucker und etwas Zitronenschale und lässt die Brötchen darin weichen. Zuletzt gibt man drei Esslöffel Mehl hinzu. Die Hälfte des Teiges bringt man in eine mit Butter ausgestrichene Pfanne, legt die gedünsteten Pilze darauf und gibt den übrigen Teig darüber. Das Ganze lässt man nun 3/4 bis eine Stunde im Ofen backen.

RÜHREI MIT PILZEN. Die Pilze werden gedünstet. Darauf quirlt man einige Eier, gießt sie hinzu und verrührt sie mit der Pilzmasse über dem Feuer, bis sie dick wird.

SPIEGELEIER MIT PILZEN. In einer Pfanne lässt man Butter heiß werden, schlägt vorsichtig die Eier hinzu, bestreut mit Salz und belegt das Eiweiß rings mit den fein gewiegten, gedünsteten Pilzen. Zuletzt gibt man einige Tropfen vom Saft einer Zitrone dazu. Passend zu Spinat.

FRIKASSEE VON EIERN. Hart gekochte Eier werden geschält und in Scheiben geschnitten. In Butter oder Palmin dünstet man die fein geschnittenen Pilze mit gewiegter Zwiebel und Petersilienwurzel, schwitzt einen Löffel Mehl dazu und verkocht das Ganze mit 1/2L Milch oder Sahne zu einer Tunke, worin die Eier mit aufkochen müssen. Zuletzt gibt man noch etwas Zitronensaft daran.

E. Pilzgebackenes und Pilzgebratenes

PILZPFANNE. Mischpilze kocht man in Salzwasser ziemlich weich, gießt das Wasser zu Suppe oder Extrakt ab, lässt die Pilze abtropfen und wiegt sie fein. Dann schneidet man Semmel in Scheiben, weicht sie in kalter Milch ein, drückt sie aus und vermischt damit einige Eidotter, Pfeffer, Salz und etwas Mehl, verrührt alles mit der Pilzmasse und bäckt in der Stielpfanne einen runden Kuchen auf beiden Seiten braun.

PILZPFANNE MIT HERING UND KARTOFFELN. Zwei Pfund gekochte Kartoffeln werden in Scheiben geschnitten und mit drei mittleren, fein gewiegten Heringen vermischt. In einer Kasserolle zerlässt man Fett oder Butter, schwitzt darin Zwiebelscheiben und Mehl, gießt etwas Fleischbrühe hinzu und verrührt alles. Dazu gibt man Gewürz, Sahne und fein gewiegte Pilze. Man lässt alles zusammen aufkochen und schlägt es durch ein Sieb. Dann streicht man eine Pfanne mit Butter aus, streut geriebene Semmel darüber und gibt die Kartoffeln mit der Tunke hinein. Darüber streut man geriebenen Parmesankäse und legt ein Stückchen frischer Butter obenauf. Das Ganze bäckt man im Ofen fertig.

KARTOFFEL-FRIKANDELLEN MIT PILZEN. Zwei Pfund Kartoffeln werden gekocht, geschält und gerieben. In Butter oder Palmin dünstet man fein gewiegte Pilze, gießt den Saft ab und vermischt die Pilze mit den Kartoffeln. Zu der Masse kommt ein Ei, Parmesankäse, Salz, Pfeffer und geriebene Semmel. Nun formt man kleine Bällchen daraus und bäckt sie in Butter, Fett oder Öl auf beiden Seiten gelbbraun. Zu der Butter gießt man den Pilzsaft und verdickt die Tunke mit Mehl. Diese Kartoffelfrikandellen werden mit Gemüse zu Tisch gegeben und sind eine vollständige Mittagsmahlzeit.

PILZGEBACKENES. Bessere Gemüsepilze werden fein gewiegt. Eine Pfanne wird mit Butter bestrichen und mit geriebenem Brote bestreut. Dann bedeckt man den Boden mit einer Lage Pilze, streut Salz und Pfeffer darüber, legt frische Butterstückchen darauf, reibt wieder eine Schicht Brot darauf und gibt eine Lage Pilze dazu. Damit fährt man fort, bis der Vorrat verbraucht ist. Nun stellt man folgenden Guss her: Mit einer Tasse Fleischbrühe vermischt man den Saft einer Zitrone, ein Glas Weißwein, einige fein gewiegte Sardellen, eine geschnittene Zwiebel, etwas Salz und Pfeffer. Diese Mischung wird gut durchgequirlt und langsam über den Inhalt der Pfanne gegossen. Nun streut man geriebene Semmel darüber und belegt mit Butterstückchen. Das Ganze lässt man im Ofen gar backen.

PILZPASTETE. Den Boden einer Kasserolle bestreicht man gut mit Butter, bringt ein Pfund Rindfleisch wie zu Gulasch geschnitten darauf, belegt dieses mit Scheiben roher Kartoffeln und gibt darauf eine Schicht frischer Pilze. Darüber kommt wieder Butter, Salz, Pfeffer und fein geschnittene Zwiebel. Man kann die Lagen in derselben Reihenfolge fortsetzen, solange der Vorrat reicht. Das Ganze wird im Ofen braun gebacken.

PILZPASTETE MIT HERING. Man bereitet die Pastete auch in der Weise, dass man an Stelle des Rindfleisches gut gewässerten und klar geschnittenen Hering nimmt und im Übrigen nach vorigem Rezepte verfährt.

PILZPASTETCHEN. Man macht einen festen Nudelteig und rollt ihn dünn aus. Dann mischt man fein gewiegte, rohe Gemüsepilze mit Salz, Pfeffer, gewiegter Zwiebel, Ei und geriebener Semmel. Nun belegt man den Nudelteig mit teelöffelgroßen Häufchen der Pilzmasse, schlägt den

Nudelteig um und sticht mit einem Glase die Füllungen vom Teige ab, paniert sie mit Ei und geriebener Semmel und bäckt sie in Fett gut aus.

PILZPUDDING. Ein Pfund Gemüsepilze wird weich gekocht und fein gewiegt. 100g Butter reibt man zu Sahne und verrührt sie mit einem Ei und zwei Eidottern. Dann reibt man drei Semmeln, befeuchtet sie mit Milch und vermischt sie mit der Butter und den Pilzen. Dazu kommt noch eine große geriebene Zwiebel, ein Esslöffel gehackte Petersilie, etwas Muskat, nach Bedarf Zitronensaft, Salz und eine kleine Obertasse voll Milch. Zuletzt fügt man den Schaum von drei Eiweiß hinzu. Die Masse füllt man in die vorgerichtete Form und kocht sie eine Stunde lang.

GELBLINGE MIT KARTOFFELN GEBACKEN. Eine Kasserolle wird mit Butter ausgestrichen. Darein bringt man eine Lage von dünnen Scheiben roher Kartoffeln, dann eine Lage klein geschnittener Gelblinge und streut Salz, Pfeffer, Kümmel und fein gewiegte Zwiebel sowie Petersilie darauf. Dann belegt man die Pilze reichlich mit Butter. So lässt man Schicht auf Schicht folgen. Das Ganze bäckt man dann im Ofen gut durch. Sehr wohlschmeckend.

REIS MIT PILZEN. 1,5 Pfund fein geschnittene Pilze werden gedünstet. Dann wird 3/4 Pfund Reis ausgequollen. Den Boden einer Kasserolle bestreicht man mit Butter, legt darauf eine dünne Schicht Pilze und bedeckt diese mit einer Lage Reis. So wechselt man ab, bis das Gefäß gefüllt ist. Die oberste Reisschicht belegt man mit Butterstückchen, bestreut sie mit Parmesankäse und bäckt das Ganze

bei mäßigem Feuer. Statt Reis kann man auch Graupen nehmen.

GEBACKENE BRÄTLINGE. Brätlinge werden nach dem Reinigen fein gewiegt. Dann vermischt man sie mit Pfeffer, Salz, Ei und eingeweichter Semmel. Eine Pfanne wird mit Butter bestrichen. Darin bäckt man alsdann die Pilzmasse. Sehr wohlschmeckend.

BRÄTLINGE GEBRATEN. Brätlinge werden vorsichtig zugeputzt, nicht geschabt, da sie sonst zu viel Milch verlieren. Man schneide sie in kleine Scheibchen und brate sie ohne Wasserzusatz mit viel Butter oder Palmin, etwas Salz und Pfeffer. Sehr wohlschmeckend.

GEBACKENE BUTTERPILZE[29.] Die Hüte werden abgezogen, ohne zu waschen sauber geputzt. Dann wendet man sie in Ei und geriebener Semmel um, bestreut sie mit Pfeffer und Salz und lässt sie in Butter oder Palmin auf beiden Seiten braun werden.

GEBACKENE BRAND-TÄUBLINGE. Dieser derbe Pilz wird gerieben oder sehr fein gewiegt. Eine Kasserolle belegt man mit Butter. Darauf bringt man die Pilze, bestreut sie mit Salz, Pfeffer und fein gewiegter Zwiebel nebst Petersilie. Darüber reibt man Semmel, rührt das Ganze durcheinander und legt oben darauf Butterstückchen. Nun bäckt man die Pilzmasse gar.

REIZKER GEBRATEN. Die Reizker werden gut gewaschen, so dass der Milchsaft möglichst geschont wird. Dann zerschnei-

---

29   Anm. des Verlags: Sollte nicht im Übermaß zu sich genommen werden.

det man die Pilze in größere Stücke, bestreut sie mit Salz und Pfeffer, wendet sie in Mehl um und brät sie nur kurze Zeit in Butter. Vorzüglich im Geschmack. Nach vorstehendem Rezepte kann man zu Pilzschnitzel vorteilhaft Steinpilze, Rothautpilze, Birken- und Maronenpilze verwenden.

LEBERPILZ GEBRATEN. Da der Pilz viel Gerbsäure enthält, so wird er zunächst abgebrüht. Dann schneidet man ihn in Streifen. Diese werden mit Ei und Semmel paniert, mit Pfeffer und Salz bestreut und in Butter oder Palmin auf beiden Seiten langsam gebraten. Man kann dazu gebratene Kartoffeln, Kartoffelmus, junges Gemüse oder dicken Reis geben. Von vorzüglichem Geschmack.

PFEFFERMILCHLING (LACTARIA PIPERATA) GEBRATEN. Dieser Pilz kommt oft in großen Mengen und in bedeutendem Umfange vor, so dass es sich wohl lohnt, ihn auch als Volksspeise auszunützen. Obgleich von scharfem Geschmack, wird er doch in Siebenbürgen allgemein gegessen und auf folgende Weise zubereitet: Die zugeputzten Pilze legt man verkehrt auf den Rost, streut Salz zwischen die Lamellen und legt Speckstreifen ringsum auf. Nachdem er gar ist, bringt man ihn auf den Tisch, dreht aber vor dem Genuss den Stiel ab. Man isst dazu Bratkartoffeln. Nicht für jeden Gaumen.

PFEFFERMILCHLING GEBACKEN. Schmackhafter ist folgende Zubereitung dieses großen, scharfen Pilzes. 1,5 Pfund Pfeffermilchlinge werden in dünne Scheiben geschnitten, 1/2 Stunde lang in Salzwasser gekocht und durch die Fleischhackemaschine getrieben. Die Pilzmasse mischt man mit drei aufgeweichten Semmeln und knetet sie gut durch. Vorher gibt man noch ein Ei und etwas Salz hinzu. Aus der Masse formt man Klopse und brät sie.

GEBRATENE CHAMPIGNONS MIT KRÄUTERN. Ein Pfund junge Parasolpilze und Champignons lässt man nach dem Reinigen und Waschen abtropfen, drückt sie aus und schneidet sie in kleine Stückchen. Dann zerlässt man in einer Pfanne Butter, gibt die Pilze hinzu, gießt ein wenig Speiseöl hinzu, streut Salz und Pfeffer darauf, rührt fein gewiegte feine Kräuter darunter und brät die Pilze gar.

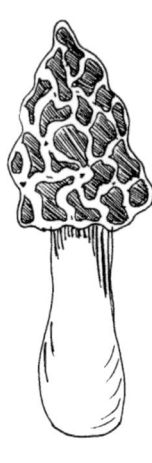

LORCHELN UND MORCHELN GEBRATEN. 3/4 Pfund Lorcheln und Morcheln werden sorgfältig gewaschen, in größere Stücke geschnitten, abgebrüht, in ein Sieb getan, in kaltes Wasser gehalten, abgetropft und getrocknet. Dann kommen sie zu zerlassener Butter in eine Pfanne, worin man sie mit Salz, Pfefferkörnern, gewiegter Petersilie und einigen Schinkenscheiben eine Stunde lang brät. Man gießt mehrmals Fleischbrühe dazu. Zuletzt richtet man sie mit einer Eiertunke und mit gerösteten Semmelscheiben an.

GEBRATENE MISCHPILZE. Von besseren Gemüsepilzen werden zwei Pfund zugeputzt, gewaschen und in kleine Stückchen geschnitten. Unter beständigem Rühren brät man sie in Butter oder Palmin, bis die Butter wieder geklärt ist. Dann gibt man eine geschnittene Zwiebel und Petersilie hinzu und brät weiter. Darauf bestreut man die Pilze mit Salz, Pfeffer und ein wenig Muskatnuss. Zuletzt belegt man sie mit gerösteten Semmelscheiben.

GEFÜLLTE PILZE. Man nimmt dazu nur ein Pfund Blätterpilze, z.B. Champignon, Parasolpilz, Täublinge, Hallimasch, Perlschwamm. Die Stiele schneidet man ab und die Hüte kocht man einige Minuten in Fleischbrühe und lässt sie dann abtropfen. Die Stiele sowie einige bessere Gemüsepilze kocht man in derselben Fleischbrühe weich. Dann werden sie fein gewiegt und mit einer Mischung von geschnittenem Schinken oder Bratenresten, Butter, Salz, Pfeffer und Petersilie verrührt. Diese Masse füllt man in die untere Hutseite. Sodann wendet man die Hüte vorsichtig in Ei und geriebener Semmel und brät sie in Butter hellbraun.

PILZFLEISCHKLÖSSCHEN. Gemüsepilze werden zugeputzt, gewaschen und fein gewiegt. Nun vermischt man sie mit gewiegtem Rindfleisch, geschnittener Zwiebel, etwas aufgeweichter und geriebener Semmel. Dazu fügt man Ei, Salz und Pfeffer. Aus der gut verrührten Masse formt man Klößchen, paniert sie mit geriebener Semmel und brät sie in Butter oder Palmin, oder man formt einen falschen Hasen.

PILZBEEFSTEAK. Gute Gemüsepilze werden zugeputzt, gewaschen, abgetropft und in einem Tuche trocken gerollt. Dann werden sie fein gewiegt und mit Salz, Pfeffer, einem rohen Ei und geriebener Semmel vermischt. Aus der Pilzmasse formt man runde Klöße, paniert sie mit geriebenem Brot und brät sie in Fett oder Butter schnell auf beiden Seiten. Vor dem Anrichten beträufelt man die Klößchen mit Zitronensaft und bestreut sie mit gehackter Petersilie. Dazu gießt man eine saure Tunke, welche man aus Mehl, Butter, Wasser, einem Eidotter und etwas Zitronensaft herstellt. Man gibt dazu gebratene oder Salzkartoffeln. Man kann dazu auch getrocknete Pilze nehmen.

F. TUNKEN

Vo r b e m e r k u n g : Man rechnet zu einer Tunke für vier Personen 10g Butter, 1/2 Pfund Pilze, 40–50g Mehl und 1/2L Flüssigkeit.

PILZTUNKE MIT WURZELWERK. 1/2 Pfund Pilze werden zugeputzt, fein gewiegt und in 10g Butter kurze Zeit gedünstet. Daraus lässt man in Butter oder Fett fein gewiegtes Wurzelwerk schwitzen, gibt die Pilze hinzu und lässt alles durchdünsten. Dazu fügt man gelbbraun geröstetes Mehl und trockenes Gewürz, gießt Wasser zu, gibt etwas Zitronensaft dazu und lässt alles noch einmal aufkochen. Die Tunke verwendet man zu Kalbs-, Rinder- und Schweinebraten. Man kann die Tunke noch verfeinern, indem man sie mit zwei Eidottern abzieht.

PILZTUNKE ZU ROULADEN. Die Pilze werden nach dem Reinigen fein gewiegt. Dann bereitet man eine Mehlschwitze in Butter oder Fett. Darin dämpft man die mit Salz und Pfeffer gewürzten Pilze 10 Minuten. Nun gießt man Fleischbrühe oder Wasser hinzu, bis die Tunke dünnflüssig ist, lässt sie weiterkochen und gießt sie über die fertigen Rouladen. Man gibt dazu dicken Reis, Salzkartoffeln, Kartoffelmus, Spargel oder Schwarzwurzelgemüse.

PIKANTE PILZTUNKE. Gute Röhrenpilze sowie gewürzhafte Blätterpilze werden nach dem Reinigen fein gewiegt und in Butter weich gedünstet. Dann macht man eine braune Mehlschwitze, gießt ein Glas Rotwein und genügend Fleischbrühe hinzu, schüttet die Pilze hinein, würzt mit Pfeffer und Zitronensaft und lässt alles auskochen. Die Tunke gibt man zu Rind- und Hammelfleisch.

BECHAMELTUNKE MIT PILZEN. Die gereinigten und in kleine Stücke geschnittenen Pilze dünstet man in 10g

Butter mit Salz und Pfeffer weich. Zuletzt verrührt man sie mit der heißen Bechameltunke, welche folgendermaßen bereitet wird: Drei mittlere Zwiebeln werden in Scheiben geschnitten, 100g mageren Schinken schneidet man fein, gibt dazu ein Lorbeerblatt, drei Pfefferkörner, eine Nelke und genügend Zitronenschale. Alles dünstet man in etwas Butter oder Schinkenfett an. Dann bringt man dazu zwei Löffel Mehl, schwitzt es in 1/2L Milch und etwas Fleischbrühe. Die ganze Mischung lässt man unter beständigem Umrühren dick einkochen, schlägt sie durch ein Haarsieb, salzt sie und tut etwas Pfeffer daran. Man gibt die Tunke gern zu Kartoffeln.

KRAFTTUNKE MIT PILZEN. In einer Kasserolle bräunt man 10g Butter und eine geschnittene Zwiebel nebst zwei Löffel Mehl. Dazu gibt man eine fein geschnittene Möhre, 1/2 Petersilienwurzel, etwas Estragon, Pfefferkörner und ein Lorbeerblatt. Nachdem dies alles eine Weile geschmort hat, gießt man kochendes Wasser hinzu und lässt alles eine Stunde kochen. Danach schlägt man den Inhalt durch ein Sieb, lässt nochmals aufkochen, rührt einen halben Teelöffel Fleischextrakt daran und schmeckt die Tunke mit Zitronensaft ab. Mit der heißen Tunke verrührt man zuletzt in Butter gedünstete Champignons, Steinpilze oder andere feinere Pilze. Ist die Tunke nicht dick genug, gibt man noch kalt angerührtes Mehl dazu. Als Beigabe für Fisch sehr geeignet.

SAURE EIERTUNKE MIT PILZEN. Fünf Eidotter werden mit einem Teelöffel voll Fleischextrakt verrührt, dann mit 50g Butter im Wasserbade gequirlt, bis die Masse beinahe dick ist. Dazu gibt man gehackte Petersilie, Salz, Pfeffer und genügend Zitronensäure. Darunter rührt man die fein gewiegten, in Butter oder Palmin gedünsteten Pilze. Zu

Spargel, Schwarzwurzel, Fisch und als Frikasseetunke sehr geeignet.

PILZTUNKE MIT SCHINKEN UND WEIN. Die fein gewiegten Pilze werden mit einer Zwiebel und klar geschnittenem Schinken 1/4 Stunde in Butter gedünstet. Dazu fügt man gebräuntes Mehl, Pfeffer, Fleischbrühe, ein reichliches Glas Weißwein und kocht alles. Man kann dazu Kalbs- oder Schweinskoteletten geben.

PILZTUNKE MIT SARDELLEN. Die gereinigten Pilze werden in grobe Stücke geschnitten und mit Salz und Pfeffer im eignen Safte 1/2 Stunde gekocht. Dann macht man eine braune Mehlschwitze aus 10g Butter und genügend Mehl und kocht 1/4 Stunde alles zusammen. In diese Tunke gibt man einen Teelöffel voll fein gewiegter Zitronenschale, eben so viel gewiegte Sardellen, etwas Muskatnuss und Zitronensaft und rührt alles gut durcheinander. Man gibt diese Tunke zu Klops oder Wiegebraten.

SÄUERLICHE PILZTUNKE VON KRÄFTIGEM GESCHMACK. Die Gemüsepilze werden fein gewiegt, in Butter und Fleischbrühe gekocht. Hierzu gibt man gebräuntes Mehl, einen reichlichen Esslöffel voll Senf, etwas Salz und Pfeffer, kleine, in Essig eingelegte, Zwiebeln nebst etwas Essig und lässt alles aufkochen. Man verwende zu dieser Tunke Seefisch oder Rinderbraten.

WOHLSCHMECKENDE, KRÄFTIGE PILZTUNKE. Auf je eine Hand voll fein geschnittener Pilze kommt ein Esslöffel fein gewiegter Zwiebeln, eben so viel gewiegte Petersilie. Man setzt diese Mischung mit reichlich Butter aufs Feuer und schmort dieselbe unter beständigem Umrühren, bis der Saft eingedickt ist. Dann rührt man zwei Esslöffel

Mehl daran, gießt Fleischbrühe dazu und lässt alles noch 1/2 Stunde kochen. Vor dem Anrichten würzt man die Tunke mit Salz und Muskatnuss. Man gibt diese Tunke zu Rindfleisch.

PILZTUNKE MIT KRÄUTERN. Die Pilze werden in Butter, Mehl, Salz und Pfeffer gedünstet. Dazu bereitet man folgende Kräutertunke: Feingewiegte Petersilie, Estragon, Schnittlauch, Zwiebeln, Kerbelkraut und Sellerieblättchen dünstet man in Butterguss fünf Minuten. Dann rührt man beides gut untereinander. Man gibt die Tunke zu Flussfischen und Kalbfleisch.

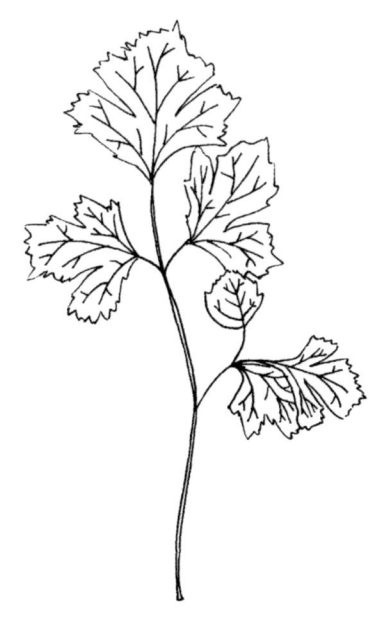

G. Salate

GEWÖHNLICHER PILZSALAT. Die fein geschnittenen Speisepilze der verschiedensten Arten werden in Salzwasser weich gekocht. Den Saft gießt man zu Suppe oder Extrakt ab. Die erkalteten Pilze mischt man mit fein geschnittener Zwiebel, Essig, Öl und Pfeffer. Einfach und wohlschmeckend.

SALAT VON FRISCHEN REIZKERN. Nach dem vorsichtigen Zuputzen und Waschen schneidet man die rohen Reizker in dünne Streifen. Dazu mischt man Pfeffer, Salz, Öl und fein geschnittene Zwiebel. Zuletzt übergießt man die Pilze mit dem nötigen verdünnten, heißen Essig und lässt sie erkalten. Wohlschmeckend.

PILZSALAT MIT KRÄUTERN. Die zubereiteten Pilze werden in dünne Scheiben geschnitten, mit Salz und Pfeffer bestreut, mit 1/2 Glas Wein und ein wenig Öl übergossen. Dann lässt man sie 1/4 Stunde über dem Feuer ziehen. Der Salat wird mit fein gewiegter Petersilie, wenig Estragon und Schnittlauch durchgerührt und mit Mayonnaise versetzt.

PILZSALAT MIT TOMATEN. Ein Pfund Mischpilze werden in Wasser gekocht. Den Saft gießt man zu Suppe oder Extrakt ab. Den Pilzen fügt man Salz, Pfeffer, Essig, Öl und fein geschnittene Zwiebel hinzu und lässt alles gut durchziehen. Dann schneidet man 1/2 Pfund Tomaten und 1/2 Pfund Kartoffeln in dünne Scheiben und vermischt sie mit den Pilzen. Beides muss gut durchziehen.

APFELSALAT MIT HERINGEN UND PILZEN. Mit einem Pfund fein geschnittener Äpfel mischt man einen fein gewiegten Hering. Daran schneidet man eine mittelgroße Zwiebel. Nun mischt man drei Esslöffel voll in Salzwasser gekochter oder in Essig eingelegter Pilze. Zuletzt verrührt man den Salat mit Essig, Öl, Salz und Pfeffer. Sehr pikant, wenn die Äpfel einige Zeit durchgezogen sind.

Feiner Heringssalat mit Pilzen. Zwei gut gewässerte Heringe und zwei größere Zwiebeln werden fein geschnitten. Darunter kommen 4–5 mittelgroße, säuerliche Äpfel, eine saure und eine Pfeffergurke, ein Esslöffel voll Kapern, vier Esslöffel voll in Essig eingelegter Pilze und gekochte, fein geschnittene Kartoffeln. Alles rührt man gut untereinander, gießt Essig, Öl und Mayonnaise darüber. Eine kleine Prise Zucker mildert den Geschmack. Heringsmilch verwende man, indem man sie mit kalter Milch quirlt, durchschlägt und mit der Mayonnaise vermischt. Ein ganz vorzüglicher, pikanter Salat.

Gewürzhafter Pilzsalat. Derbe, junge Röhrenpilze werden eingesalzen und zugedeckt an kühlem Orte aufbewahrt. Dann werden Gewürznelken, Zimt, Gewürzkörner und Pfefferkörner in Weinessig zum Sieden gebracht. Nun gibt man die Pilze hinzu, lässt sie mit aufkochen und stellt sie dann kühl. Dieser Salat kann in Gläser gefüllt und längere Zeit aufbewahrt werden.

Champignonsalat. Die Champignons werden nach dem Waschen abgetrocknet und in feinem Tafelöl gedämpft. Wenn sie erkaltet sind, vermischt man sie mit Salz-, Pfeffer und Essig. Man kann den Salat mit Kapern und Sardellen garnieren.

Pikanter Pilzsalat. Feinere Speisepilze schneidet man in Stücke, übergießt mit einem halben Glase Weißwein und dünstet sie darin fünf Minuten bei müßigem Feuer.

Dann fügt man Salz, Pfeffer und Tafelöl hinzu und lässt sie in bedecktem Gefäße 1/4 Stunde durchziehen. Darauf verrührt man die Pilze mit Petersilie, Estragon, Schnittlauch und Mayonnaise.

PILZSALAT MIT SENFTUNKE. Man bereitet folgende Senftunke: Ein hart gekochtes und ein rohes Eidotter werden gut verrührt. Dazu gibt man eine Messerspitze fein gewiegter Zwiebel, einige Löffel Tafelöl, Weinessig, Senf und etwas Zucker und rührt alles 1/2 Stunde lang. Diese Tunke gießt man über die sauren Pilze. Den Salat garniert man mit gekochten Eiern und Sardellen. Sehr pikanter Salat.

GEMISCHTER SALAT MIT FLEISCHRESTEN. Die gekochten Pilze vermischt man mit fein geschnittenem Hering, Zwiebel, Fleischresten, saurer Gurke, Öl und gießt eine Mayonnaise oder saure Sahne darüber. Sehr delikat.

KARTOFFEL-SPECKSALAT. 100g Speck werden zu Würfeln geschnitten und gebraten. Dazu kommen zwei Löffel Weinessig, etwas Pfeffer, Zwiebel, einige Löffel Fleischbrühe oder warmes Wasser. Darauf gibt man, sobald die Brühe kocht, zwei Pfund geschnittene Kartoffeln hinein, schwingt sie bei geschlossenem Gefäß gut durch, bringt dann die in Salzwasser gekochten Pilze, deren Saft man zu Suppe abgegossen, hinzu, würzt noch mit etwas Zitronensaft und rührt nochmals kräftig durch. Man bringe diesen Salat möglichst warm auf den Tisch.

OCHSENMAULSALAT. 1/2 Pfund Ochsenmaul wird in Salzwasser weich gekocht. Wenn es erkaltet ist, schneidet man es in dünne Streifchen und gießt Essig darüber. Dann mischt man ein Pfund in Salzwasser gekochte Pilze, ein

Pfund gekochte Kartoffeln, fein gehackte Zwiebel, Salz, Pfeffer und Öl darunter und rührt ihn kräftig durch.

Gemischter Salat. Man nimmt zwei Teile Essig, ein Teil Wasser, dazu Öl, Salz, fein geschnittene Zwiebel und eine Prise Zucker und rührt alles gut durcheinander. Daran schneidet man 1/2 Pfund gekochte Kartoffeln. Dann fügt man eingelegte rote Rüben, Senfgurken und eine reichliche Menge in Salzwasser oder auch in Gewürzessig eingelegter Pilze hinzu, würzt mit Pfeffer und Zitronensaft, rührt gut durch und belegt den Salat mit Kapern, Sardellen, Tomatenstücken und gekochten Eiern. Sehr pikant.

Schwarzwurzelsalat. Ein Pfund Schwarzwurzeln wird zugeputzt, in lange, dünne Streifen geschnitten und in Salzwasser weich gekocht. Auf einem Siebe lässt man sie abtropfen, mischt dazu noch Öl, Essig und Salz. Dazu gibt man ein Pfund in Essig eingelegte Champignons oder Steinpilze, würzt mit Zitronensaft und rührt den Salat vorsichtig um.

Fischsalat. Die verschiedensten Fischreste eignen sich hierzu, sowohl von Fluss-, wie auch von Seefischen. Die Fischreste werden entgrätet. Man fügt einen Teil des Fischgewürzes hinzu, rührt darunter zwei Pfund in Salzwasser gekochte Pilze, gießt eine Remouladentunke darüber und rührt den Salat gut durch. Statt der Remouladentunke kann man auch saure Sahne, ein in Essig gequirltes Eidotter und Zitronensaft nehmen.

Sardellensalat. Man bringt in eine flache Schüssel schichtenweise in Scheiben geschnittene Senfgurken, Zervelatwurst, 1,5 Pfund eingemachte Pilze, ein paar Kartoffeln, Kapern, Essigpflaumen, verteilt zwischen die

Schichten einige gut gewässerte, zerkleinerte Sardellen, übergießt alles mit Öl und Gewürzessig und garniert mit Fleischgelee.

H. Das Einmachen der Pilze

**DAS STERILISIEREN AUF EINFACHE ART (HIERZU EMP-
FEHLEN SICH GANZ BESONDERS DIE ARNDTSCHEN
EINKOCH- UND STERILISIERAPPARATE.).** Die unter den
Speisepilzen zu diesem Verfahren angegebenen Pilze werden sorgfältig geputzt, in Stücke geschnitten und abge-
spült. Nachdem das Wasser abgetropft ist, dünstet man sie
im eigenen Safte mit etwas Salz so lange, bis der Saft mit
den Pilzen in gleicher Höhe steht. Dann füllt man die Pilze
mit ihrem Safte nach dem Erkalten in die Gläser und sterilisiert sie bei 100° 60–75 Minuten.

DAS STERILISIEREN AUF ANDERE ART. Zartere Speisepilze
wie Champignons, Parasolpilze, Stockschwämmchen,
junge Tintenpilze, Perlschwämme u.a. werden nach dem
Zuputzen in mit Zitronensaft angesäuertes Wasser gelegt,
darin gut abgewaschen, dann abgetropft und in einem
Handtuche trocken geschwenkt. Die Pilze setzt man in
einer Kasserolle mit etwas Zitronensaft, Salz und Pfeffer
an und lässt sie verdeckt 10 Minuten sieden. Dann stellt
man die Pilze kalt, füllt sie in die Gläser und sterilisiert sie
40 Minuten bei 95°.

GELBLINGE IM EIGENEN SAFTE. Die Gelblinge werden
gewaschen, trocken geschwenkt und fünf Minuten vor-
gedämpft (Arndtscher Gemüsedämpfer). Dann dünstet
man die Pilze in einer Kasserolle mit etwas Salz im eigenen
Safte, bis sie zusammenschwinden. Nach dem Erkalten
füllt man sie mit dem eigenen Safte in die Gläser und sterilisiert 70 Minuten bei 100°. Diese Pilze eignen sich sowohl
als Gemüse, wie auch zum Garnieren von Salat.

PILZE IN BUTTER EINGEMACHT. Kleine Speisepilze kocht
man einige Minuten in Salzwasser. Nach dem Abtropfen
werden sie in geklärter Butter weich geschmort und in

Büchsen oder Gläser gefüllt, so dass die Butter darüber steht. Nach dem Erkalten verschließt man das Gefäß und bewahrt es an einem kühlen Orte auf.

Gewürzte Pilze in Butter. Auf 1L Pilze nimmt man 1/2 Pfund Butter, einige Pfefferkörner und den Saft von zwei Zitronen und kocht sie unter beständigem Rühren 1/4 Stunde, bis genug Saft herausgekommen ist. Dann füllt man sie mit der Butter und dem Safte in Gläser, so dass die Butter über den Pilzen steht, und streut noch reichlich Salz darüber. Dann verschließt man die Gläser gut.

Pilze in Fett auf einfache Art. Die Pilze kocht man mit Salz im eigenen Safte, bis dieser eingedickt ist. Dann füllt man sie in Steinbüchsen und gießt zerlassenes Schweinefett oder Nierentalg darüber. Ist dieser erkaltet, so bindet man mit Pergament gut zu und stellt die Büchsen an einen kühlen Ort.

Pilze in Fleischgelee. Die Pilze werden nach dem Waschen abgetropft und gut getrocknet. Dann legt man sie in Blechbüchsen und übergießt sie mit schwach gesalzenem und gewürztem, flüssigen Gelee aus Rindfleisch und Kalbsfüßen. Die Büchsen werden dann verlötet und im Wasserbade eine Stunde lang gekocht. Man lässt sie allmählich erkalten und bewahrt sie an kühlem Orte auf.

Pilze in Essig eingelegt. Kleine Pilze lässt man ganz, größere schneidet man in grobe Stücke, kocht sie in Salzwasser halbweich und gießt den Saft zu Suppe oder Extrakt ab. Dann übergießt man die Pilze mit Weinessig und lässt sie vollends weich kochen. Nach dem Erkalten verschließt man die damit angefüllten Gläser. Kräftiger und wohlschmeckender sind die Pilze, wenn man sie in

Kräuteressig eingelegt, wozu man Estragon, Basilikum und Pfefferkörner verwendet.

PILZE IN GEWÜRZTEM ESSIG. Die Pilze werden in Salzwasser 1/2 Stunde gekocht. Den Saft gießt man zu Extrakt oder zu Suppe ab. Nun kocht man Kräuter- oder Weinessig mit Perl- oder geschnittenen Zwiebeln, Pfefferkörnern, Gewürzkörnern, Lorbeerblatt und Senfkörnern auf, gibt die Pilze hinzu und kocht sie noch 1/4 Stunde. Die abgekühlten Pilze füllt man in Gläser und gießt noch etwas verdünnten, abgekochten Essig hinzu, so dass die Pilze bedeckt sind.

EINGELEGTE REIZKER. Die Reizker werden roh verwendet. Sie werden geschnitten oder gehobelt und in einen Steintopf getan. Auf eine Lage Reizker kommt immer eine dünne Schicht Salz. Vor dem Gebrauch richtet man die Pilze mit Essig und Öl zu Salat an.

MILCHPILZE IN ESSIG. Geeignet sind hierzu verschiedene Milchpilze, welche auf andere Weise keine schmackhaften Gerichte abgeben, wie Rotbrauner Milchling, Mordschwamm, Süßer Milchling, Wässriger und Milder Milchling. Man schneidet die Pilze in größere Stücke, kleine bleiben ganz, schüttet sie in kochendes Salzwasser und lässt sie 5 bis 10 Minuten sieden. Darauf kocht man verdünnten Weinessig mit Zucker, Zimt, Gewürz, Neugewürz, Lorbeerblättern, Zwiebeln und etwas Pfeffer 10 Minuten lang und gießt ihn, etwas erkaltet, ohne diese Zutaten über die Pilze, welche man in Gläser füllt und gut verschließt. Man kann sich auch noch anderer Gewürze bedienen wie Estragon, Senf oder Muskatblüte. Um guten Luftabschluss und größere Haltbarkeit zu erreichen, gieße man vor dem Verschluss heißes Olivenöl oder flüssigen

Talg darüber. Die Pilze eignen sich in dieser Zubereitung als Zukost zur kalten Küche.

PILZE IN ZITRONENSAFT. Kleine Pilze kocht man nach dem Waschen 1/4 Stunde im eigenen Safte, verwendet diesen zu Suppe oder Extrakt. Dann füllt man die Pilze in Gläser und gießt Zitronensaft darüber. Man kann auch die Pilze in Salzwasser kochen und dieses dann abgießen. Will man die bunten Saftlinge oder das klebrige Schönhorn zum Ausschmücken von Salat verwenden, so werden diese Pilze nur gut gewaschen, abgetropft und roh in Gläser gefüllt und mit Zitronensaft übergossen. Statt des Zitronensaftes kann man auch Rotwein nehmen, den man mit Salz, Thymian, Lorbeerblatt, Nelken, Pfeffer, Gewürzkörnern und Muskatblüte aufkocht.

PILZE IN SALZ. 10kg Pilze werden mit 10L Wasser, 100g Salz und drei Teelöffel Natron abgewellt. Die ganze Masse wird mit 1kg Salz, 1,5kg Zwiebeln und 25g Pfefferkörnern eingestampft. Dann wird das Ganze noch einmal ausgekocht. Man lässt die Pilzmasse abtropfen und stampft sie schichtenweise mit Zwiebeln und Pfeffer in einen Steintopf. Obenauf kommt eine Schicht Salz und Zwiebel. Das Ganze bedeckt man mit Tuch, Brett, Stein und Pergamentpapier und hebt es an kühlem Orte auf. Man kann auch die Pilze wie Salzbohnen einlegen, indem man immer auf eine Schicht Pilze eine Lage Salz bringt.

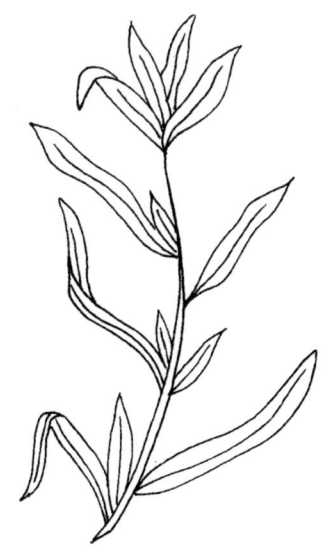

I. Das Trocknen der Pilze

DIE UNTER DEN SPEISEPILZEN zum Trocknen angeführten Pilze werden nicht gewaschen, nur sauber zugeputzt, in Stücke geschnitten oder kleine Exemplare ganz gelassen, an Fäden gereiht und an der Sonne gut getrocknet. Man legt auch die Stücke recht breit auf ein Brett oder ein Kuchenblech oder auf starkes schwarzes Glanzpapier und trocknet sie an der Sonne. Man sammelt die trocken gewordenen Pilze, um die übrigen breiter oder neue auflegen zu können. Um vom Wetter unabhängig zu sein, legt man die Pilze auf Horden und trocknet sie am Ofen, auf Gas- oder an luftigem Orte. Haben die Horden mehrere Abteilungen, so kann man gleich mehrere Lagen trocknen. Man bewahrt sie am besten in Blechbüchsen an recht trocknem Orte auf.

VERWENDUNG DER GETROCKNETEN PILZE. Die getrockneten Pilze lässt man in heißem Wasser zugedeckt 1/4 Stunde stehen. Dann gießt man das Wasser ab und brüht sie aufs Neue über dem Feuer mit siedendem Wasser auf, bis sie aufquellen. Dann werden sie verdeckt beiseite gestellt, bis sie genügend aufgequollen sind und das Aussehen frischer Pilze erhalten haben. Will man sie nur als Würze benützen, so zerschneidet man sie und gibt sie dem Fleische bei. Für Tunken wiegt man sie und schwitzt sie in Butter und Mehl. Sollen sie zu Gemüse verwendet werden, so dünstet man die Pilze eine Stunde in Butter und überstäubt sie mit Mehl, gießt 1/2 Tasse Wasser darüber, fügt etwas Salz, Pfeffer, Zitronensaft, eine Prise Zucker und eine Messerspitze Fleischextrakt hinzu. Ein so zubereitetes Gemüse von getrockneten Pilzen ist von dem aus frischen kaum zu unterscheiden, besonders da durch das Aufquellen die Pilze so weich wie frische werden und nicht lederartig bleiben. Es empfiehlt sich, alle Pilzabfälle, ebenso alle für den menschlichen Genuss unbrauchbaren Pilze mit Ausnahme der Giftpilze zu trocknen und als

Tierfütterung zu verwenden. Diese Trockenware ist ein gutes Hühner- und Fischfutter, kann aber auch mit anderem Futter gemischt zur Schweinefütterung verwendet werden.

J. Die Pilze als Gewürz

PILZPULVER. Die getrockneten Pilze werden am Ofen noch weiter gedörrt. Wenn sie ganz hart sind, zerstößt man sie in dem Mörser oder mahlt sie auf einer Kaffeemühle zu Pulver. Dieses hebt man in Glas- oder Blechgefäßen an trockenen Orten auf. Es gibt eine vorzügliche, bequeme Würze für Suppen, Tunken, Gemüse, Fleisch und Braten.

PILZEXTRAKT. Die Pilze werden in Salzwasser gut ausgekocht. Den Saft gießt man ab und dickt ihn über dem Feuer ein. Man kann wiederholt neuen Saft hinzufügen, muss aber immer wieder so stark eindicken, dass er wie Sirup ist. Mit diesem Extrakt füllt man kleine Gläser und sterilisiert sie dann. Dieser Extrakt hält sich jahrelang und ist eine äußerst kräftige und bequeme Würze für Suppen, Tunken, Fleisch, Braten und Gemüse. Einen besonders stark duftenden und kräftigen Extrakt gibt der Filzige Milchling (*Lactaria helva*).

SOJA AUF EINFACHE ART. Die zugeputzten und in Stücke geschnittenen Pilze werden gut eingesalzen. Dann vermischt man sie mit Nelken und Pfeffer und gießt wenig Essig darauf. Nun stellt man die Pilze auf den Herd und lässt sie einige Stunden stehen, ohne sie zum Kochen zu bringen. Den Saft seiht man durch, dickt ihn ein und füllt ihn in kleine Gläser. Diese Soja ist eine vortreffliche Würze, besonders für pikante Tunken.

SOJA MIT GEWÜRZ. Die Pilze kann man zum Zwecke der Sojagewinnung auch mit Salz, Pfeffer, Kümmel, Beifuß und Thymian würzen. Bei einer anderen Zubereitung wird der ausgepresste Pilzsaft mit geschnittenen Zwiebeln, Zitronenschale, Pfeffer, Ingwer, Nelken, Muskatblüte, Koriander und Estragon 1/4 Stunde lang gekocht, dann durchgeseiht und eingekocht.

KETCHUP. Champignons, Steinpilze und andere Röhrenpilze schneidet man in Stücke, bestreut sie mit Salz und stellt sie gut bedeckt drei Tage beiseite. Man unterlasse aber nicht, die Pilze täglich mehrmals umzurühren. Danach stellt man das Gefäß 30 Minuten lang auf den Herd, ohne den Inhalt zu kräftigem Kochen kommen zu lassen. Den Saft seiht man ab, setzt ihm Nelkenpfeffer, Pfefferkörner, wenig Muskatblüte, ebenso Ingwer und einige Nelken zu und bringt ihn zum Sieden. Nach dem Erkalten wird er durchgeseiht und in kleine Flaschen gefüllt. Als Würze zu Braten und Tunken zu verwenden.

ESSENZ VON PILZEN. Trüffel, Champignons, Mousserons, auch bessere Gemüsepilze schneidet man in Stücke, bestreut sie mit Salz und Pfeffer, übergießt sie mit reichlich Rotwein und würzt sie mit Petersilienblättern, Thymian und Lorbeerblatt. Dann kocht man alles 3/4 Stunden lang. Nach dem Erkalten gießt man den Saft durch ein Sieb und füllt ihn als Würze zu Tunken in Gläser. Die zurückgebliebenen Pilze kann man zu Ragout, Salaten, auch zu Füllungen verwenden.

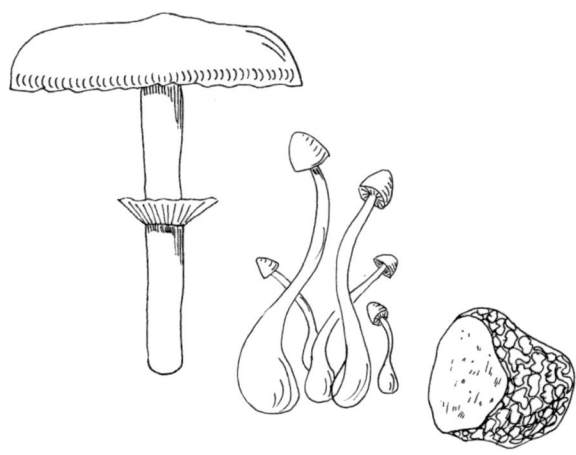

K. Fettarme und fettlose Pilzgerichte

EINFACHE PILZSUPPE. Zu der Suppe kann man entweder nur eine Pilzart oder auch Mischpilze verwenden. Sehr wohlschmeckend sind hierzu beispielsweise Nelkenschwindlinge, Schopftintlinge, Stockschwämme, Rauchblättrige Schwefelköpfe u.dergl. Die zubereiteten Pilze werden 1/2 Stunde in Salzwasser mit Kümmelkörnern gekocht. Dann quirlt man in kaltem Wasser einen Esslöffel oder nach Bedarf Mehl, gießt es in die Suppe und fügt noch reichlich Petersilie hinzu.

SCHMACKHAFTE REIZKERSUPPE. Die gereinigten Reizker werden durch die Fleischhackemaschine zerkleinert oder sehr fein gewiegt. Der abfließende rote Milchsaft ist als wertvoller Bestandteil mitzuverwenden. Die Pilze sind mit Salzwasser, fein gewiegter Zwiebel und Kümmelkörnern 10 Minuten lang zu sieden. Die Suppe wird mit Mehl oder geriebener gekochter Kartoffel verdickt und mit fein gewiegter Petersilie gewürzt. Sehr wohlschmeckend.

PILZGEMÜSE. Einen fein zerrührten Kartoffelbrei vermengt man mit ein bis zwei Eidottern, dem Schnee der Eier und dem nötigen Salz. Die Hälfte der Masse bringt man in eine Pfanne und gibt darauf die mit Petersilie, Schnittlauch, Pfeffer und Salz dick eingekochten, fein zerkleinerten Pilze. Dann bringt man den anderen Teil der Kartoffeln darüber, streicht das Ganze glatt und bäckt es bei mäßiger Hitze gegen 1/2 Stunde.

PILZGEMÜSE MIT WURZELWERK. Möhren, Kohlrabi, Petersilienwurzeln, Sellerie und Zwiebel werden fein geschnitten und in Salzwasser weichgekocht. Die Pilze (Mischpilze oder einzelne Gemüsepilzarten) werden grob geschnitten und in Salzwasser weichgekocht. Beides wird miteinander vermischt und dick eingekocht. Zuletzt gibt man ein paar geriebene rohe oder gekochte Kartoffeln hinzu und lässt das Gemüse kurze Zeit aufkochen. Man kann auch einen Bouillonwürfel daran tun.

GEMISCHTES PILZGEMÜSE. 1,5 Pfund Mischpilze werden gedünstet. Dann kocht man zusammen Welsch- oder Weißkraut mit Tomaten in Salzwasser. Das Gemüse mischt man mit den Pilzen, gibt dazu einige in Scheiben geschnittene, gekochte Kartoffeln, in wenig Fett geröstete Zwiebeln, lässt alles zusammen aufkochen und würzt mit Salz und Pfeffer. Wohlschmeckend und sättigend.

KRAUTWICKEL MIT PILZEN. Ein Weißkrautkopf wird 10 Minuten lang in kochendes Wasser gelegt. Die Blätter löst man vorsichtig ab und lässt sie abtropfen. Hierzu bereitet man folgende Füllung: Pilze werden in Salzwasser gekocht. Den Saft gießt man ab und verwendet ihn zu Suppe. Die Pilze werden fein gewiegt. Mit 2/3 der Pilzmasse vermischt man 1/3 gewiegtes Fleisch, rührt darunter noch Salz, Pfeffer, ein Ei, geriebene gekochte Kartoffeln und etwas aufgeweichte Semmel. Diese Füllung hüllt man in die Krautblätter. Nun zerlässt man in einer Kasserolle 20g Butter oder Fett und schichtet die Krautwickel darauf, über welche man kochendes Wasser oder das vorige Pilzwasser oder Fleischbrühe gießt. So lässt man die Krautwickel 1,5 Stunde dünsten. Zuletzt verdickt man die Tunke mit etwas Mehl. Man gibt dazu Salzkartoffeln.

GEFÜLLTE TOMATEN. Es wird nach bekannter Angabe ein gut gewürztes Pilzgemüse hergestellt. Tomaten werden ausgehöhlt und mit dem fertigen, möglichst dicken Pilzgemüse gefüllt. Zur Verdickung verwendet man die nötige Menge Mehl. Die Tomaten legt man in eine mit etwas Fett ausgestrichene Pfanne und dünstet sie.

PILZRAGOUT. Die grob geschnittenen Gemüsepilze werden in Salzwasser gekocht. Den Saft gießt man danach ab. Dann bräunt man Mehl, vermischt es mit Rotwein oder Zitronensaft oder Essig, gibt Salz, Zucker und nach Belieben saure Gurke und in Scheiben geschnittene gekochte Kartoffeln hinzu, gießt dazu den Pilzsaft und dünstet darin die Pilze vollends weich. Man verabreicht das Ragout zu Kartoffelspeisen und grünem Gemüse.

GERÖSTETE BRÄTLINGE. Man wäscht die Brätlinge und lässt sie abtropfen. Dann legt man sie umgekehrt auf ein Blech, streut in die Blätter Salz und Pfeffer und lässt die Pilze 1/2 Stunde im Ofen rösten. – Auf gleiche Weise kann man auch Reizker zubereiten und zum Würzen fein geriebenen Thymian nach Belieben verwenden.

PILZKLÖSSE MIT KRÄUTERTUNKE. Die fein geschnittenen Pilze werden in Salzwasser weich gekocht. Den Saft gießt man zur Tunke ab. Dann macht man einen Kartoffelkloßteig, mischt die erkalteten Pilzstückchen darunter, formt Klöße und lässt sie im Pilzwasser weichkochen. Dill oder Majoran werden fein gewiegt und zur Pilztunke getan. Diese wird nach Bedarf durch Mehl verdickt.

PILZKLOPS IN KRÄUTERTUNKE. Die Pilze werden fein gewiegt und in Salzwasser weich gekocht. Den Pilzsaft gießt man zur Tunke ab. Dann mischt man eine gekochte, geriebene Kartoffel mit fein gewiegter Zwiebel, Salz, Pfeffer, etwas Eiersatz oder Mehl mit Ei und formt kleine

Klöße. Zur Tunke bereitet man eine Mehlschwitze, gießt das Pilzwasser hinzu und gibt Majoran, Petersilie und Kümmel dazu und lässt diese Mischung aufkochen. Darein bringt man die Pilzklößchen und lässt sie 20 Minuten lang kochen. Diese Klöße reicht man zu Kartoffelspeisen oder grünem Gemüse wie Spinat, Kohl, jungem Gemüse u.dergl.

RAUCHEMAAD MIT PILZEN. Gekochte geriebene Kartoffeln werden mit Salz verknetet und in eine mit Fett ausgeriebene Pfanne gedrückt. Die Masse lässt man heiß werden und unten etwas bräunen. Dann stürzt man sie und bäckt sie auf der anderen Seite. Man streut gedünstete Zwiebeln darüber oder gibt sie auch schon vorher in die Kartoffelmasse. Das Ganze bringt man mit einem kräftigen Pilzgemüse zu Tisch (als Abendgericht geeignet).

PILZSÜLZE. Man kocht einen Kalbsfuß mit Gewürz (Lorbeer und Gewürzkörnern). Frische Pilze werden in schwachem Salzwasser weich gekocht. Den Pilzsaft gießt man ab und verwendet man zu Suppe. Die Pilze werden gut zerkleinert und mit fein gewiegter Zwiebel, Sardelle oder Hering mit Kapern, saurer oder Pfeffergurke und der durchgeseihten Kalbsbrühe vermengt. Man gießt noch etwas Essig hinzu und kocht das Ganze auf. Danach lässt man es erkalten. Statt des Kalbsfußes kann man auch Schweineschwarte nehmen, weich kochen, fein wiegen und unter die Pilze mischen. Als geringerer Ersatz für Kalbsfuß kann auch Gelatine verwendet werden.

GEMÜSESÜLZE MIT PILZEN. Zwei Pfund Kohlrüben werden in Würfel geschnitten, 10 Minuten eingewässert, abgekocht und abgegossen. Man kocht sie zusammen mit einem Pfund geschnittenen roten Rüben und Sellerie weich. Dazu gibt man Essig, Salz und rohe Zwiebeln. Auf reichlich 1/2L Flüssigkeit nimmt man 20g weiße und rote Gelatine. Ein Blatt = zwei Gramm. Man kann auch Möhren, Petersilienwurzeln, Rapontika, Schwarzwurzel und gekochte Kartoffeln dazu nehmen.

PILZKOMPOTT. Weichere Pilzarten, besonders Röhrenpilze, werden geschnitten und in Salzwasser gekocht. Den Pilzsaft gießt man ab und fügt etwas Weißwein oder Zitronensaft, Zimt und Zitronenschale hinzu und kocht ihn auf. Darauf schüttet man zu dem Safte die Pilze, gibt einen Kaffeelöffel Maismehl dazu und kocht alles noch 10 Minuten lang. Dieses Pilzkompott reicht man zu Fleischspeisen, Gemüse oder zum Nachtisch.

BROTAUFSTRICH AUS PILZEN. Die fein gewiegten Pilze werden in Salzwasser weich gekocht. Dann bereitet man ein Gemisch aus fein gewiegter Zwiebel, aus Kapern, Petersilie, Sardellen oder Hering, einem hart gekochten Ei oder einem rohen Dotter und Eiersatz. Dies bringt man mit den Pilzen zusammen und gibt noch nach Bedarf Mehl dazu. Die Mischung verwendet man als schmackhaften und nahrhaften Brotaufstrich.

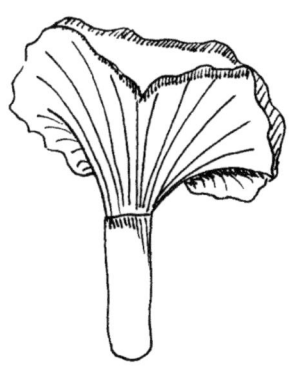

Register

125

126